跨
~~CROSSING~~
越

Lydia

/ 作品 /

人民文学出版社

图书在版编目(CIP)数据

跨越/Lydia 著.—北京:人民文学出版社,2017
ISBN 978-7-02-013319-2

Ⅰ.①跨… Ⅱ.①L… Ⅲ.①工作方法—通俗读物 Ⅳ.①B026-49

中国版本图书馆 CIP 数据核字(2017)第 208238 号

责任编辑　徐子茼
责任印制　苏文强

出版发行　人民文学出版社
社　　址　北京市朝内大街 166 号
邮政编码　100705
网　　址　http://www.rw-cn.com

印　　刷　三河市西华印务有限公司
经　　销　全国新华书店等

字　　数　142 千字
开　　本　880 毫米×1230 毫米　1/32
印　　张　9
版　　次　2018 年 4 月北京第 1 版
印　　次　2018 年 4 月第 1 次印刷

书　　号　978-7-02-013319-2
定　　价　39.00 元

如有印装质量问题,请与本社图书销售中心调换。电话:010-65233595

To Myself

<u>致三年前的自己:</u>
<u>放下所有顾虑,去北京,跑着去。</u>

Preface...

动笔写这本书的时候，我忐忑不已，知乎浸泡得久了，大多数人都会对所谓的鸡汤有天然的羞耻感，仿佛不画个脑图、贴点文献出处就是欺世盗名一般。可是我实在太爱写这些东西了。小时候暑假家里没有老人带我，父母上班前就把我丢到单位附近的邮政大楼，带点小零食席地而坐看一天的故事书。从小学开始我就坚持写日记、写情书，上课传的小纸条攒了满满四大罐。从QQ空间的非主流日志，到人人网、豆瓣、微博，我一直不停地用文字记录内心的点点滴滴，还试图和自己的灵魂对话（虽然现在看来简直惨不忍睹）。出一本杂谈，是我从小的愿望。这种愿望从骨子里不停地迸发，被压抑，又蹦出来，再压回去，终于在一个合适的契机，找到了出口，喷涌而出，不可回头。

你说鸡汤到底有用吗？我不知道。我只知道无数个黑夜，是一篇篇小故事带给我或明或暗的希望，在我失恋抑郁的绝望之际，是一篇篇豆瓣的矫情帖子代替闺密，陪伴我眼泪流干失眠的夜晚；在我和父母吵闹着要脱离糟糕的生活状态时，我哽咽地给他们念着王远成的那篇长帖《为什么现在很多年轻人愿意到北上广深打拼，即使过得异常艰苦，远离亲人，仍然义无反顾？》，让他们终于无言以对地服软；在我弱小、迷茫、愚蠢、自私、狭隘的时候，是这些短小精悍的美文充当我人生导师的角色，一点点构建了我的人格……

这个世界不是一部巨大的计算机，按照那些理科生脑海中的算式就可以走向前方。这些良莠不齐的信息，只要对当下的你是有益的，那么就依然值得获取，虽然随着我们的成长有些信息会不断地被否定，我们也会抛弃那些不再合时宜的词句。每次回家我看到书架角落里落灰的青春文学，又嫌弃又爱惜，嫌弃它们像一个土土的村妞滑稽而可笑，又爱惜它们曾满怀温柔地呵护过我的少女心。落落的一句话我记得很深，"那些我们爱过的人，做过的事，都是我们青春的纪念和祭奠，不可惊扰和拥抱。"但愿，我也曾在你孤独无助的时候，为你点亮过一盏灯。

  书中有大约一万字是我知乎高票答案的存稿，放进书里并不是为了凑字数，而是那些支离破碎的回答，可能会在有限的篇幅替我阐述更多的前因后果，希望你顺着我的笔触，能再一次被触动；内容可能会为了保护隐私和渲染效果有所加工，但里面的情感都是真挚的，感悟都是发自肺腑的。

  当你遇到些阻碍，摔了跟头，沮丧而又难过的时候，可以翻开这本书，看看一个曾经摔得比你还狼狈的女生，因为被命运的大手一直向前推着，无法再回头，于是咬碎了牙，跺烂了脚，向死而生。她遇到过残忍而恶毒的伤害，也获得过无数温暖而及时的帮助。她过着自己想要的生活，拥有可以掌控的人生。也许你缺的，只是某个人对你说，你行的，我信你。

  你看，也没人信过我，但是我还是狠狠打了命运一巴掌。

Contents

Chapter One

商业社会，没人在乎你的自尊

商业社会，没人在乎你的自尊 [3]

丛林社会留给优等生的残酷陷阱 [13]

势均力敌才有交易和爱情 [21]

别拿人情世故不当知识 [27]

做个攒局人，三倍提高你的职场竞争力 [32]

面试如相亲，逮着机会就秀肌肉 [38]

知识分子净瞎矫情 [46]

抱歉，我不愿意 [54]

弯道超车的小秘密 [60]

小心那些"老男人" [66]

自尊心不是都值得歌颂 [73]

坊间的爱恨情仇 [79]

Chapter Two
不要在
本该投资的年龄选择收割

不要在本该投资的年龄选择收割 [89]

学会选择 [96]

没有空杯心态的人都走不远 [103]

没有门槛的事，不如不做 [110]

挚爱和激情才能带你走向真正的远方 [115]

眼高手低，是"90后"最大的宿敌 [121]

如何摆脱原有阶层 [129]

捧好你人生的第一份饭碗 [136]

"90后"的分水岭 [143]

当你做一个正确的人生选择 [150]

转行真的穷三年吗？ [159]

Chapter Three
努力让自己更值钱

描述你的人物弧光 [167]

股票大作死手回忆 [174]

若你还弱小 [181]

平庸是原罪 [186]

把你的玻璃心摔碎成渣 [191]

当有人说：你不行 [198]

那些突如其来的恶意 [202]

吵架的正确姿势 [208]

Chapter Four
能量要释放在更合适的地方

如果爱有天意，不止于一见钟情 [217]

"父母皆祸害"小组成员的血泪书 [226]

不要让他们毁了你的爱情 [234]

好好先生没对象 [242]

你的老友们，还在吗 [249]

和过去的自己和解 [256]

衣锦还乡的你，请对父老乡亲多点涵养 [263]

写在最后 [270]

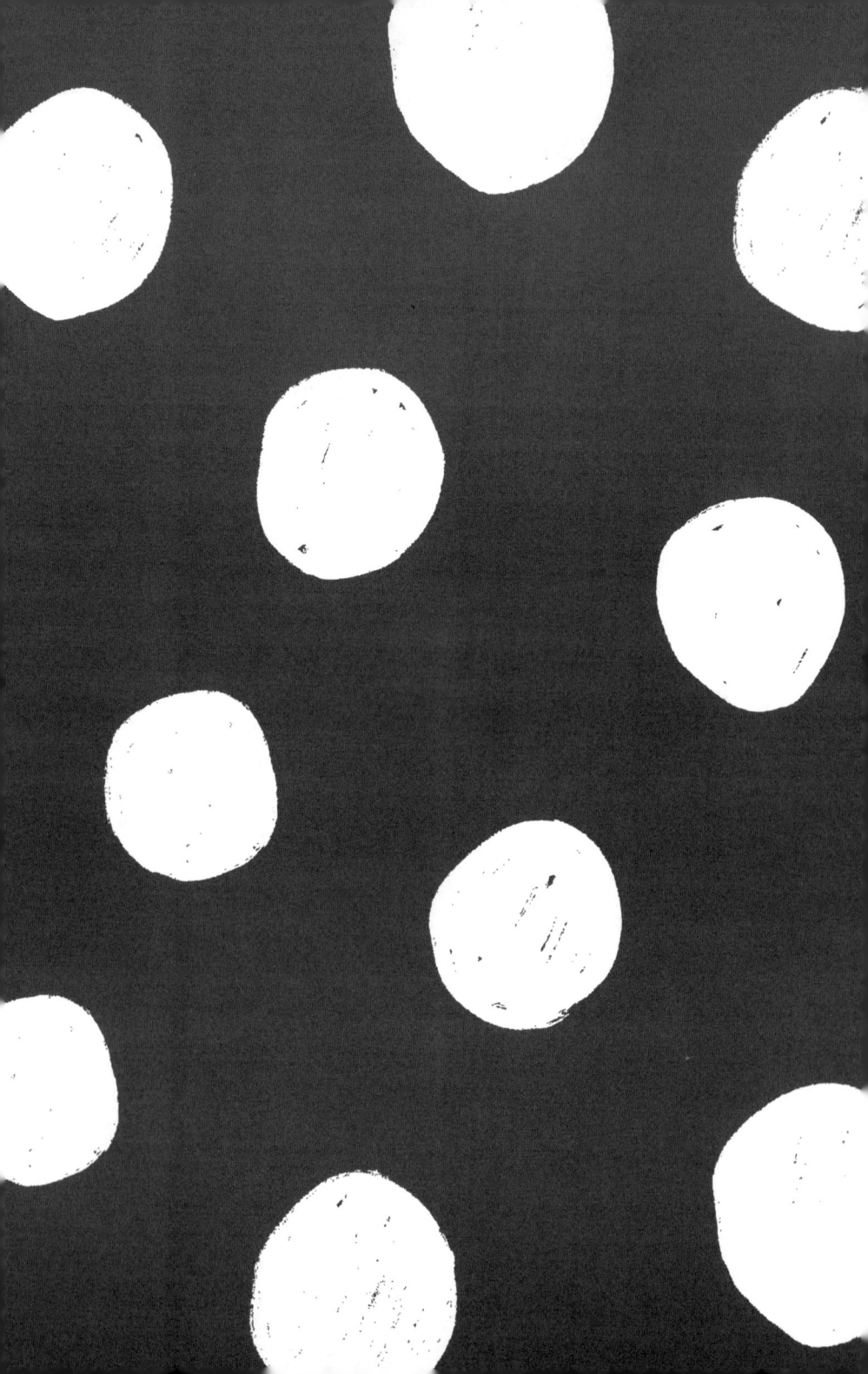

Chapter One

商业社会，没人在乎你的自尊

大家都很忙，没人有空伤你的自尊，伤你自尊的是你自己。你觉得自己努力学习获得了好学历，却没有得到自己预期的薪水和社会地位，你觉得委屈。然而，这两者间，原本就没有必然的逻辑关系。

商业社会，
没人在乎你的自尊

有一天，我的合作伙伴突然跑来告诉我："Lydia，我可能要离职了，不过你的项目会有很厉害的同事继续跟进的，你不要担心。另外有什么工作机会帮我推荐一下吧。"

我倒是不太担心我的项目黄了，就是觉得很好笑，我一个业余时间收费给别人做职业规划咨询的，这小家伙也不想着充分压榨一下再跑。工作机会有什么稀奇的，思路对了，路才会越走越顺。

于是我主动请缨，问问她的打算，她一开口就把我雷晕了："我想去做活动策划。"

我的天，这是什么清奇的思路？活动策划并没有让我看出是什么特别诱人的美差，基本就是女人当男人用，男人当牲口用，干体力活儿加急活儿，功劳小、责任重的一个岗位，这小家伙怎么就好好的想不开呢？当然也有人就是适合做这行，在此不展开，至少对于这个以毫不相干的专业出身，啥经验没有的妹子，这绝对不是一条明路。

我笑笑问："你为什么要去做活动策划？你知道那是做什么的吗？"她笃定地说就是给企业服务，做年会、季会、团建活动。

我再次晕倒：**"这么繁琐没有创造性的工种，会磨灭你的灵气，消磨你的棱角……"**

"可是赚得多啊，是我现在的一倍多呢……不瞒你说，我现在的薪水太低了，实在太憋屈，伤自尊，我好歹也是985高校毕业的……"她忙不迭地打断我，一股脑儿地向我倾诉着委屈和烦恼。多么熟悉而无奈的青春烦恼啊！四年前，我不也是这么傻愣愣地彷徨着忧伤着过来的吗？从象牙塔里走出来的我们，有太多太多的不明白，没有人教，直到我们一次又一次撞得头破血流，独自舔伤，我们才明白这个世界的运转规律和我们所接受的"只要好好学习就会有光明的未来"的理论大相径庭，我们才终于一夜长大，如涅槃的凤凰。

我放下手中的事，找了个舒服的姿势躺下，准备给她讲个长长的故事。

首先，没人有空伤你的自尊。这是商业社会，大家都很忙。你能为公司创造价值，你有核心竞争力，你就多拿钱，你如果只能贡献普通劳动力，那只能是无例外地被压榨。从资本家控制成本的角度出发，非常合理，非常公平。只要他们按照相关法律给你缴纳五险一金，不低于最低工资标准，那么就无可厚非。毕竟市场供求关系决定了你之所以接受这个 offer，就是因为当初没有更好的 offer。这和你是海归还是文盲没有关系，老板只关心你出售的劳动能不能让他赚到钱。

伤你自尊的是你自己，是你觉得自己努力学习获得了很好的学历，却没有得到自己预期的薪水和社会地位，你觉得这是不应该的。然而，这两者间，原本就没有必然逻辑关系，尤其是在你的工作和你所学并不完全对口的情况下。 就好像你今天穿着一件阿玛尼喷着香水踩着 Jimmy Choo 来上班，老板也没义务因此给你多付一倍的薪水，当然你打扮得精致些，大家都会更乐意与你一起工作和合作。

其次，如果不看钱的话，你喜欢你现在所处的行业吗？你喜欢你想要去的行业吗？如果还不至于揭不开锅，毕业的头三年，钱真的没那么重要。说起来是翻倍，也就多个两三千的事儿，两三千，还不够你买个机票出国玩儿的，它并没有彻底改变你的财务状况。

当然，我是外人，我可以说这话，因为真的是站在你的利益角度为你着想而提出的建议。如果老板这么说，很大程度上是为自己的压榨找理由，那是听不得的。分清楚对方说话的出发点，也很重要。

小家伙有些被打动了，懦懦地问我："那我熬一熬两三年后能去大公司吗？"这又是一个典型的误区。我有些激动地大声说道："熬的不是时间，时间你熬个五年八年都没有用，熬的是你的资历和你的项目经验，有的人只用一年，有的人十年也一事无成。我不知道你能不能做到，没法为你负责。再说大公司也不是一味地就适合你。你现在脑子里一团糨糊，实在不适合做任何决定，搞不好从一个坑跳去另一个坑，最后回过头看，肠子都悔青了。"

首先，如果你现在的困扰仅仅是薪水，你要搞明白为什么薪水低，整个行业的标准是什么，你是不是达到平均线了，如果明显低于行业标准，那么就去直接向老板争取，争取不到再走也不迟。

另外你才毕业一年，你为老板创造了多少价值和收入呢？

你们的项目周期较长，一年后才能出成果，可是你要知道，一年的周期，算是非常短的了。多少游戏公司研发两三年，一款游戏就是上不了线；多少人写了大几十万的免费文字，就是红不了；多少人创业十八年，也没一个成气候的。毕业的头三年，可以说有大把的试错成本，随便你浪费，只要你做的是自己喜欢并且觉得有希望的事业。

当你想要跳槽的时候，除了看公司大小以外，还有一个非常重要的点就是能否拿到核心岗位和核心资源。你一个还不成气候的毕业生，是很难担当要职的，多半是在打杂、学习、培养，可能一年过去还在边缘部门毫无成长。除非你是校招的"阿里星"这种，以及作为管培生进去。否则，哪怕你在大公司混了三五年，出来也没有多少竞争力，别人一听你没有多少成功的项目经验，一样看不上你，到那个时候，你又怎么办呢？很快就会有更便宜、更听话的应届生来顶替你了哟。

你现在的工作虽然薪水不高，公司不大不正规，各方面还很坑爹，但是如果这个事业本身是蓬勃发展的，你手上有这么多有潜力成功的项目，你就这么拱手送人了，不可惜吗？任何公司都是从小到大、从无到有的呀，你不在这个低谷期埋伏进去卡位，想等人家功成名就了摘桃子，可能吗？当然，既然是创业公司，股份和期权去要一点是有必要的，不管是展露给老板你要和他一起奋斗的决心，还是试探老板对你的认可度，不管最后能兑现多少利益，起码这是一个态度。

在你还弱小的时候，换一家公司一样欺负你，不是在薪水上欺负你，就是在工作量上欺负你。活动策划为什么起薪高？因为苦啊，你个傻孩子。

你现在的行业是整个生态链条里的上游，所以你可以较早地介入，去谈很好的项目，握在手里。如果你选择切入中游和下游，你不见得就能接触到优质项目，谁都不傻，有好坑都自己或自己人占着了，凭啥让给你？这样到你手里的都是一些烂尾项目，你确定你会为了那多出来的千把块做这种没有希望只消耗青春的事情吗？

你现在还很年轻，我不知道你有没有找好男朋友，另外男朋友有没有可能分手。你需要一个敞口型的工作去接触更多的人和事，很多工种只有自己的一亩三分田，只需要和自己的老板沟通，到了后期，这种纯技术性的工种就会出现资源短板的大缺陷，连对象都不好找。你要趁着年轻多积累资源，多认识人，带着资源跳槽才有可能拿得到好位置、好项目，这也才是能给你积累长尾效应的核心竞争力。

你还没有积攒出来自己的代表作和项目经验，想要更多的薪水，唯有赚辛苦钱。而辛苦钱除了跳槽以外，完全有别的路子可以解决，比如下班之后做写手给人写稿，学设计给人作图，学珠宝设计做首饰，开个微店或者淘宝店，找好货源卖东西等。只要你勤奋、肯学、肯吃苦，有的是辛苦钱可以赚，当然我不认为这是最优选择，但是为了避免让你觉得我何不食肉糜，我也不阻拦。

我不建议大部分应届生一毕业就去小公司，除非以下三种可能：

1. 实在找不到其他工作了，那么有聊胜于无，先工作着，步入社会，不要在家闲着。

2. 行业在飞速蓬勃发展期，公司有巨大潜力在短时间内飞起，这个一般学生看不出来，以我对你目前的行业和公司的了解，我的判断是有机会。

3. 如果创业公司的老板在业内还算出名，那么你的经历可以约等于在大公司的工作经历。我有个朋友是锤子手机出来的，找工作非常吃香，因为大家都觉得能在老罗手底下存活是非常考验人的，基本上别的困难都不是事儿了。

回到活动策划，你以为多给你几千块就是尊重你的学历了？我告诉你，屁嘞！他们只是看重你吃苦耐劳的年轻体力而已，和你的学历毫无关系。当你积攒几年工作经验以后，月薪大概到一两万的时候，你告诉我，老板为什么不去雇佣更年轻更有朝气的年轻人呢？这份薪水是不可持续的，一旦你怀孕生子，需要顾家但又要面对出差的时候，毫无商量，就是不能胜任，你除了走人别无他选，否则整个项目进度都会被你耽误，这个责任你担不起，你也不会想担的。

我知道在北京，你现在的薪水可能连生存都困难，没有年假，没有休息，很辛苦，但是我们都是这么过来的呀。我刚毕业那会儿做老师，只有春节休息了几天，平时都是全年无休，每天从早上七点上课到晚上九点，周末还要去补习班和带家教。

刚毕业的前三年，激进点说，我认为没有人权可谈。

那时候做家教，一个小时150块，已经很高了。中秋节、端午节我都没放过完整的假期。我父母特别不理解，问我你缺这150块钱吗？搞得我们家穷得揭不开锅似的，这么拼干吗？

但当时我是一门心思要做老师的，在我眼里，这不是 150 块钱的事，我在赚口碑，我需要抓住这个生源，希望他在我手上能考上名校，辅导的竞赛能拿到好名次。而这个家长不是仅仅贡献 150 块钱给我，他的背后是一个庞大的家长关系网，可以为我带来更多的生源和名气，当我积攒得足够多的时候，我就可以开辅导班啦。

这个动力支撑着我，大雪天也好，三十八度高温的南京暑假也好，都要坚持出门上课。所以我希望你也能抱着这样的眼光去选择工作，你现在不是在为了几千块而工作，你是在为了抢夺和争取这么多优质项目的机会而工作。**而这个项目最好能诱人到哪怕没有工资付给你，你也愿意倒贴三千块给老板拿下的地步。如果你有这样的心态，就说明你是真正地认可你这个行业、你这个事业，那么当你在遭受一些委屈的时候，就会觉得不值一提了。**

去大公司混个两三年，这对于所谓换工作时看的工作背景毫无作用，做人事的都是人精，你做没做过实事儿，一眼就能看出来，到那个时候你剩下些什么呢？除了一年一度的旅游年假、虚高的光环，你一无所有，只剩年龄。

这些年，我遇到好多个曾经错过我的人，有面试官，有相亲对象，有前领导。有的人对我说，Lydia，你这些年变化居然这么大，早知道当初就不放走你了。言语间满满的酸劲儿。

我笑了笑，自尊是什么，好像我和对方都想不起来了。

丛林社会
留给优等生的残酷陷阱

在开始谈论这个话题之前,我们需要先明确一个前提——什么叫优等生,什么是成功。相信大部分人眼中的优等生是那种在义务教育阶段大多是品学兼优,985、211 大学本科及以上毕业的佼佼者。他们轻轻松松,人生如开挂,或者继续做学术研究,或者在自己的专业领域闯出一片天,获得世人眼中配得上他们学历的成功。但是,优等生必然人生开挂吗?优等生必然成功,耀眼夺目吗?事实是,更多的优等生毕业后没有继续做学术研究,没有选择体制,而是做着一份普通的工作,并没有获得学历上的竞争优势,也没有再成为杰出的人才(优秀的创业者—500 强外企中高层及其他特殊人才)。此篇文章讨论的就是这样一群人。

我不是说这样平静的生活不好,但是我觉得它本可以更好。

我的朋友是真学霸，在麻将桌旁写作业长大，从来不上任何补习班，高考那几天都在打游戏，在山东这样一个高考大省排名前 0.1%，属于天才型选手。念书阶段没遭遇过什么挫折，人生是 Easy 模式。毕业后他如愿以偿地去了游戏公司，做游戏策划。开头三年的人生应该是所有年轻人都羡慕得要死的状态，打游戏是日常，市面上所有游戏都要试玩一遍，写写文档，做做方案，开开会，回家后继续打游戏，游戏上线之前也没有什么紧急任务需要加班。一年有个小几十万，福利优渥且齐全，住的地方离公司只有五分钟路程，真正的钱多事少离家近。

结果，在移动互联网时代，端游项目全部被砍，只留下他这一个最有前途的核心项目，他觉得自己很幸运，继续高枕无忧。我建议他要不要和几个朋友业余做个手游或者页游，攒个独立作品出来，他给我的回答是："手游太 Low 了，看不上。"

终于，最后一轮裁员，连负责裁员的人事都被裁了的情况下，他终于拿着 N+X 的补偿金走了。但这时，市场上的风向已经彻底变了，大多游戏工作室都在缩招，而且全部做手游。他的端游经验毫无优势，但是名校学历的红利还在，所以猎头的橄榄枝和面试机会不断抛向他，他依然信心满满。

然而梦寐以求的知名游戏公司的面试，他止步在最后一轮。

他和我复述面试对话的时候，很懊恼，说自己没提前准备好，有些问题没答上来，最后归结于自己运气不好，做过的项目市场不认了。我摇摇头。典型的学生思维，或者说所谓的优等生思维，到了今天依然有些单纯和天真。

或者说，这是 Book smart 败在 Street smart 的一种典型案例。

首先，面试只是业务方判断候选人的业务能力、性格和气质能否和岗位相匹配的一种沟通过程。他们有些问题并不是真的很想知道答案，比如"你爱看什么书""你觉得某两款游戏之间的区别是什么"这样的开放性问题，没有统一的标准答案，哪怕你的回答并不是面试官预期想听到的，也不要紧，只要你的回答过程逻辑清晰，有理有据，能体现个人特色，展现你的一技之长，就很好了。

其次，面试官也不见得就有多厉害，他们的认知也有盲点，很多业务人员沉浸在本公司的事务上，对外界也知之甚少。你作为候选人，完全可以在回答问题之后，引导对方到自己熟悉而健谈的领域来，反客为主，态度上谦虚，谈吐上压制。面试官大多都会欢迎一些新鲜的血液注入到自己的业务团队，而不仅仅选在他们原有的认知领域里能做到九十分的螺丝钉。

学校里的一张试卷，题目是什么，你就要答什么，不然就是答非所问。老师知道什么，就会考你什么。社会上可不是这样，**社会需要的是主动创新型人才，"超越"才是永恒的需求。**

除此以外，过去看似顺风顺水的生活，无异于温水煮青蛙。所有的大型公司，无一例外都有些臃肿，人浮于事，跟国企并无二致，但以公务员的状态在私企里生活，就是在谋杀自己的青春。想想诺基亚倒台后，那些失去竞争力的塞班程序员，是不是一如当年粮站、邮局、供销社里的高薪白领？优等生们都在被动地等待老师/老板布置作业，他们能满分完成，却没有意识到，老板可能是错的，公司甚至于行业都可能会输。**没有危机意识，不做两手准备，没有突出的核心业务和核心竞争力，被淘汰只是早晚的事。**

在清闲的工作状态之下，不对市场保持敬畏、多学习一些硬技能，或者储备一些软资源、刷新一下知识库，难道等去了一个繁忙到每天凌晨下班的公司再做吗？

朋友终于意识到问题，准备着手改变的时候，我立刻汪峰老师上身，问他："你的梦想到底是什么呢？"他想了一会儿说："没有。我就想安安心心地工作、生活，也不想发财，除了打游戏以外没有其他特别的爱好了，赚的钱也够生活，这样的状态就挺好的。"

可是社会不像学校，你不想改变的生活轨迹，社会会逼着你改变。就像游戏每通过一关，难度都会加大，需要的能力会更强，如果你的学习速度没有跟上，必然会止步不前。而整个行业、整个人生没有完整的教学大纲、参考书目，我们所需要的知识如星辰大海般无穷无尽，没有毕业，没有突击过关的可能，每一天都在厮杀。

为什么三五年后，同一个班里毕业的人差距会越来越大？因为原来只有一百分的卷子，你们都在九十分，相差不过一点点，然而社会的考卷可能是一座金矿，你以为挖一袋就够了，他召集了四十大盗开着大货车来拉。不在一个赛道上，规则都不一样，你拿什么赢呢？

没有人会再像上学时那样，仅靠工作时间内的学习和经验就可以顺利通关了，你的行业经验、人脉，阅读的行业严肃报告，独立制作的项目，都在不停地扩大你的能力半径。当主业发生变化的时候，你要能够更加游刃有余地将工作以外的能力调动出来续命。

腾讯从 QQ 到 QQ 秀、QQ 空间，到网游，再到微信，全都是边缘部门做出来的，也都是高管们原本不看好的，没有人知道公司运转的正确方向在哪里，都是不停地试错，保持警惕，拥抱变化，及时掉头。个人亦是如此，**没有可以高枕无忧的行业和工种，今日的懒惰，日后必然十倍补偿回来。**

聊到这里，我朋友已经比较燃了，他丢给我一句让我更加崩溃的话："你说得对，我这就去买点××证的书，考个证，充个电。"

我目瞪口呆，老娘费这么老半天劲，你就是准备去看书考证？这不是我大学时最爱干的事儿吗？那时候不了解社会，没有明确的目标，证多不压身。现在不一样了，又不是初级岗位的人，你有啥证都不管用啊，能带来业绩才是根本。

他很茫然地问我，那现在该做啥呢？我摆摆手，你们工科生的事情我哪里知道。但是我可以带你去找一些行业大佬吃吃饭，跟他们交流一下，看看他们在想什么，在干什么，需要什么，他们的事业状态是不是你想要的。**你必须树立一个明确的标杆，细化到具体的岗位和具体的人身上，你才能知道自己需要做什么。**

他有点抵触，他说我不想听人生大道理，我就想去一个靠谱的公司做靠谱的项目，我知道该怎么做。我哈哈大笑："这不就和'我去清华北大就会好好念书了'一样的逻辑吗？"这世上，哪来现成的靠谱项目等着你来落座，哪来的明星游戏只差你临门一脚，都是掠夺、厮杀，夹缝里求生存拼出来的，都是绝处逢生、破釜沉舟。一个靠谱的项目里的人傻吗？都那么靠谱了会有人放弃这个坑再招新人吗？你要做的就是去一个"合格"的公司，去一个"勉强看得上"的项目，化腐朽为神奇也好，吸取精华自己默默成长也罢，这多出项目以外的价值才属于你个人的溢价。否则你在一个天才团队里，外界也只会归咎于你运气好、平台好，你个人的能力并没有被凸显和认可。

我也曾经被公司坑过，招我进来的是行业内鼎鼎有名的大佬，空降之后要自己招兵买马组团队，做的是全公司最核心的业务。当我信心满满地进去之后，就因为各种高层换血，业务调整，融资并购，将我分配到一个业务非常寡淡的部门里，连招我的老大也跑路了。我定定神，很快就找到当前业务里我的知识盲区，如饥似渴地吸收和学习，也梳理了一下我过去积累的经验和资源，做了简单的适配，和团队共同开发了一个新的项目，在类似的业务部门人事变动后，顺利地顶替上去，捡起曾经的明星项目。在等待的调整期和动荡期，我写了两本书，将自己的职场经验做了更系统的整理和补充，提升个人的影响力。两条腿走路，未来怎样的趋势我都不怕。

而这种危机意识，优等生没有，他们太顺利了，不需要额外做什么，作业不写都没关系，反正永远第一，校长、老师都会为他们开道让路。他们不需要自己谋发展、求生存，这也正是二十年的求学生涯给他们带来的最大陷阱。

但事实上，拿个部门优秀员工的奖励和独立创业的小老板的收益，根本就不是一个段位。赛道多元化了，睁开你的眼睛，赶紧先看清楚游戏规则再说吧。

势均力敌
才有交易和爱情

以前有个室友,是白富美,各式各样的纨绔子弟都见过。最后被一个穷小子文艺青年追到手,穷小子人虽然穷,但是品位不错,长得帅也会打扮,甜言蜜语情书吉他一套套的,白富美很快就沦陷得无法自拔,她每天都满面春风地犯花痴:"Lydia,你知道什么是真爱吗?我觉得这就是真爱,不沾染一丁点物质,太美好了,像童话一样!"

于是白富美决定回去向父母摊牌,两人正式谈恋爱,讨论白富美的爹能不能培养一下穷小子,将来做个接班人什么的。临上门之前,白富美叮嘱穷小子:"你记得要向我爸好好表忠心,说你有多爱我会对我很好,你家房子会写我的名字,钱都交给我……"

话音未落,穷小子突然惊恐地打断她:"啊?那是我家唯一的房子,我妈肯定不能答应写你名字,万一咱们将来分手了,你把房子分走,我家怎么办啊?"

白富美一听就蒙了，强忍着不爽解释道："你放心吧，我不会要你的房子和钱，我家有的是房子，但是你都不表示一下，我爸爸怎么能信你会对我好呢？"

　　穷小子还是皱着眉头一脸不开心的样子嘟囔："做不到怎么能撒谎呢？万一你爸当真了呢？"

　　白富美即刻暴走，取消了这趟回家之旅，不久他们俩就彻底分手了。白富美失恋了，一整个学期每天以泪洗面，有时候骂骂人家奇葩，有时候又喃喃地倾诉想他，想听他弹吉他唱歌。我们看她难受，劝她要不复合算了，她死命摇摇头："无法沟通，思维不在一个层面。他就捂着他们家那一亩三分田当个宝，根本不明白我的良苦用心。人穷志就短，烂泥扶不上墙。"

　　我们讲究门当户对的爱情，不仅仅是经济层面上能强强联合，更多的是因为两个人只有背景相似、三观相合，才有酝酿情愫的土壤。泰坦尼克号的爱情之所以旷世唯美，是因为它在还没一地鸡毛前就夭折了。不然你能想象 Jack 在 Rose 的豪华闺房里一个惯性吐痰的时候，Rose 还能若无其事地陪着啐一口的画面吗？

　　商场上也是这样，抱着占便宜和单方面索取的心态永远无法达成一致，在商务洽谈时，对方经常对我提出想要某网站负责人联系方式之类的需求，说想和那边洽谈业务，我说他们网站上有商务合作联系邮箱，你按那里写的方式递交需求就好了，对方往往一听就没了兴趣："哎呀，我想着有熟人走个后门多方便啊。"听到这里我就会在心里默默将他拉入黑名单，**一个不懂得尊重商业规律、不尊重合作伙伴时间精力、以自我需求为中心、习惯消耗人情的行为模式的人，一定会让我和我的朋友不舒服，这种事，不能揽。**

你的项目再有价值、再厉害，也得是对方认可的情况下。你本身不够有名，没有人来主动找你洽谈，这本身就说明你在社会资源中是处于弱势的那一方，弱势的一方是没有和强势的一方平等对话的权利的。你只能申请、争取，以期获得对方的慧眼识金。当然人和人之间有缘分和感情的话是会有破例情况出现的，但这是恩情，不是义务，你没有资格提出要求，没有人该天生对你抱有善意和热情。如果项目本身是完美匹配甲乙方需求的，作为中间人自然会有成人之美的动力，临门一脚落个美名。否则前路曲折，寻求他人过度的支持只能是异想天开。

就像一个追求姑娘的小伙子，满口都是："我是真心爱你的，你为什么不考虑我一下呢？"却完全想不到姑娘喜欢什么，需要什么，自己能不能满足她，能不能给予她。**爱情和交易，本**

质都是共赢的交换，有些是纯物质，有些是纯感情，有些物质和感情掺和在一起，有个均衡的配比，却从来都没有单边交易。

有的人觉得我富有，我强大，我愿意帮助弱小的人，但是，往往最后就会像我开头的白富美室友一样，落得一个哑巴吃黄连的后果。更有"请神容易送神难""阎王好见，小鬼难缠"等民间血泪做参考。

有个老掉牙的笑话，有个人经常给路边的乞丐十块钱，过一段时间只给他五块钱了，又过一段时间只给两块钱。乞丐实在忍不住了问他："请问先生，为什么你给我的钱越来越少了？"这人回答道："兄弟，我原来是个单身汉还挺富裕，后来我讨了个老婆，手头开始紧张，前不久我老婆生了孩子，我还得给孩子买奶粉呢，所以只能少给你点啦。"乞丐听到这里很愤怒，大声嚷道："你怎么能用我的钱养你的老婆孩子呢？"

这个讽刺幽默故事我记了十几年，小时候觉得不可理解，随着时间的推移，越来越觉得充满寓意。到了今天，除非是举手之劳，我越来越谨慎对待认真帮助别人直接解决一件事，授人以鱼不如授人以渔，我更愿意告诉他路径和方法。如果他没有能力和毅力自己执行，那么除非他花钱雇佣我，否则我不愿意耗费自己的精力在伸手党身上。也许一些被我拒绝的人心里会记恨我的现实和功利，可是我自己很清楚，我宁愿将这个时间精力投射给自己或者更值得帮助的人身上，我问心无愧。

有的朋友会有一段时间经济拮据，我如果想帮他渡过难关，我会转给他一点钱，告诉他我需要助理，让他帮我打理一些琐事，人工费从这个钱里慢慢划。出来聚餐该 AA 的时候我依然会让他交钱，因为我不希望因为彼此都模糊不清的需求和想法伤害了友情。让对方用劳动来换取报酬，人情往来与劳动报酬划分开来，对方才会明白善意有界限和距离。他也才能更珍惜，而不会背负过多心理压力。

人和人之间一直存在着感情利益守恒定律，多想想你们之间的交往是不是平等的。如果你在初始少费了点心思，那么你一定会在收拾烂摊子时精疲力竭。

有人也许会觉得很沮丧，寻求帮助的时候谁都是弱势方，那照这么说都没办法借力打力了吗？记住，**再牛的人也有需求和弱点，多用点心，你自然会找到撬动杠杆的支点。**比如一个在制造业功成名就的大佬，可能身价上亿，但是他想向互联网转型的时候，就会需要我去帮他做基本的概念科普，这个时候我们就暂时平等了。同样，律师、医生、老师等一切具有普世技能的人，只要在本专业上出类拔萃，都会因为自己的职业技能获得一些珍贵的社会资源。

如果你没有这类高门槛技能，那么你想一下你能贩卖的有哪些软技能呢？你是不是特别会说话、会来事儿，能帮别人出去谈合作，炒热饭局气氛；你是不是对某一领域，如电影、足球、美妆、动漫、汽配等，因为个人兴趣爱好有些钻研，能获得一些与别人不对称的信息，而这也是你有所求的那个人所需要的；你能不能先给自己一个社会标签，比如网红、作家、××项目负责人、脱口秀达人等，让别人对你能迅速有个直观认知和辨识度，对你的潜在价值有所期待，再去开口寻求帮助。如果你觉得"哎呀，这实在太功利了"。亲爱的，如果你不先功利地寻求他人的价值，你现在应该在游山玩水，采菊东篱下呢。

这世上成功的人这么多，没有一个是因为会占便宜。**只有平衡和有趣才是永恒，我不愿意欠你的，我也不愿意你欠我的，没有互相亏欠，就不会有埋怨、失望、愤怒、忧愁、不平等诸多情绪，我们就能更专注于我们的内心，去做更有价值和意义的事情。**

我们赤条条地来到这个世界上，也愿能心安理得地离开。而所有的传奇，都源自棋逢对手，将遇良才。

别拿人情
世故不当知识

　　我们生活中会遇到各种各样的理工科男生，我很喜欢和他们交往，他们单纯、直率、热心、聪明又上进。但是随着时间的推移，越来越多的两个人一言不合就分道扬镳的事件发生之后，我开始反复思考大家的误会和隔阂发生在哪里。

　　他们一致的指责口径都是："这个人太功利了！她怎么能告诉我们，我们要多去结识贵人、多去社交和人家吃饭呢？我们有自己的双手，连老板的眼色都不用看，有人求着我们改 bug（漏洞），你认识一堆人有什么用？这个世界还不是拿实力说话的！整天熬毒鸡汤、吹牛，整这些虚头巴脑的东西，我们看不上！"

　　而他们往往是看到了只言片语就群情激昂，抓住一点漏洞就义愤填膺，真正的钻营之技，哪里是三言两语说得清的。大多数鸡汤所建议的，无非是讨喜一点，机灵一点，在自己吃饭的硬本事之外，能够产生一种所有人都想来帮你的暗能量，俗话说叫"有家教，会来事儿"。

技多不压身，光会写代码做个极客是很好，也没必要对人文科学充满不屑。如果科技可以让这个世界进步，变得更美好，一个人格魅力爆表的人，一样可以。即使周杰伦在音乐上已经是跨时代的巨匠，如果在人品上能让知乎、天涯的评论高度统一地交相称赞，不更令人敬佩吗？

崇尚科学、知识、"干货"没什么问题，但是也别把社会学、人情世故不当回事。 傅里叶变换是知识，拉格朗日中值定理很牛，孔孟之道更牛，你能让阿法狗创造人工智能的神话，他能在饭桌上让所有大佬如沐春风，没必要厚此薄彼。人的一生是由多种因素铸成的，两者都很重要，两者都值得学习，讽刺别人谄媚的，不过是自己懒惰，只愿意停留在自己的舒适区。何不学会让自己尊敬的人甘之如饴地倾囊相授，给予别人一个好为人师的契机，前提是你也得配得起。

移动互联网时代，催生了很多新鲜事物，人类文明的场景发生了变迁。于是我们小时候被父母教育的基本礼仪，到了新场景就消失得无影无踪了。

举个简单的例子，当你在知乎或者微博给人发私信请教问题的时候，尽管很多答主都很友好地尽力回答，那作为索取方，有没有想过最起码关注下对方，给他的答案点个赞？你是否在提问之前做了基本的功课，已经搜索出基本常识，对答主擅长的领域有所了解，提一个刚刚好在别人能力范围之内并且举手之劳就能回答的问题呢？

我反问和追问过不少提一个宏大命题的人，为什么能问出这样的问题，类似于你教教我怎么才能考上清华北大，刨根问底一番之后他们都有点惭愧地说，因为我偷懒了。

是，你提问都可以偷懒，对回答者基本的尊重都没有，别人为什么要花费时间精力认真对你呢？

还遇到过朋友在群里嚷嚷："谁有×××（某著名投资人）电话？"正巧我有，但是我看到这个问题的时候心里十分不舒服，我问他，你为什么不要个微信或者邮箱先发送一下请求试试？我给了你电话，如果别人并不想接怎么办，我岂不是得罪人了。

他一脸惊讶，微信和邮箱多慢啊，还不知道他什么时候能看到，效率太低了，电话一分钟就说完了。

我问他，这些著名投资人每天都有接不完的需求，为什么一定要接你的电话呢？你是一分钟把事儿说完了，对你来说一分钟很短，那么别人也跟你一样吗？说不定对他来说一分钟就是几十万上下，耽误人家多少精力呢？

我有个朋友想找个知名公司谈合作，请我介绍某公司的员工帮他牵一下线，征得人家同意后我将名片推给了他。结果他加了人家之后好几天啥也没说，连个基本的自我介绍也没有，突然在某个周日凌晨一点多，噼里啪啦发了好多段语音，意思是希望对方周二的时候带他参观一下公司，把我朋友从睡梦中惊醒，非常无语，冷冷拒绝了他。回头把我说了一顿："这样的人我要是引荐给老板，这么不礼貌，不顾深夜打扰不说，也不谈任何好处，好歹你说出来吃个饭套个近乎，再给我提需求我也舒服点，不然我根本不认识你，凭啥帮你？这样不懂事的人，老板回头觉得我不靠谱，以后我还怎么再给别的朋友拉资源？"

我把这个例子讲给要电话的那个朋友，他也连连点头说，大半夜，太不像话了。我反问他："那你怎么知道你打电话给这个投资人的时候，就不是打扰人家呢？也许人家在开会，在休息，你一样可能是在骚扰，最后人家恼了，断了任何想和你合作的可能啊。"

有人会问，发语音怎么了？他睡觉时调成静音不就不会被打扰了吗？首先语音和文字不一样，文字可以扫一眼一目十行，收听语音的时候，别人做不了任何事只能听你说话，除非有一定的必要性，比如两人已经在进行认真交谈的时候或者关系特别熟，你拿捏好分寸的情况下，否则就是在省自己的事，浪费别人的时间。其次别人睡觉时调了静音，不是你打扰别人的理由。没有人应该怎样，当你任性自私地为人处世，自然会碰一鼻子灰，得到不好的反馈。

新的时代场景下，不要说没人告诉过你这些规矩所以你不知道。**古往今来，所有的行为礼仪都有一个共性，就是"不以己度人"，懂得克制、谦逊、换位思考，一定会在任何未经历过的场景下都随机应变，总是充满绅士风度。**

同样的事情，在不同的人眼里是不一样的，有的人只会看到别人趋炎附势，谄媚阿谀；有的人却会看到别人识人有方，嘴甜心诚，长袖善舞地整合资源，而不是只会死板地埋头做事，选错了船，再努力地划桨也很难乘风破浪。**看得透别人虚伪的人，化为了互联网上的"喷子"骂一骂；看得见别人精明的人，早就学到手变成了自己的暗能量。**

做个攒局人，三倍提高你的职场竞争力

因为机缘巧合，我作为受邀演讲嘉宾，第一次参加了 TEDxZhuhai 的活动，民间组织的力量带给了我极大的启发和震撼。

TED 作为全球知名的公益演讲，成立于 1984 年，奉行 "Ideas worth spreading"（值得传播的创意）的理念，每年邀请社会各界杰出人士举办一次极高质量的大会，要求每位嘉宾在 18 分钟内陈述自己的观点、经验和见解。这些演讲嘉宾包括了比尔·盖茨、克林顿、杨澜等知名公众人物。

2009 年开始，TED 开始接受申请执照的方式，交由世界各地的 TED 粉丝独立组织和运营具有当地特色的 TEDx 大会，门票和经费以及内容都会受到总部的监控和审核。虽然质量无法和 TED 年会相提并论，但是每隔一段时间，我们也总能从国内的 TEDx 的各个分支组织里，看到让人眼前一亮的演讲内

容和广为流传引领舆论的视频。

贺嘉是 TEDxZhuhai 牌照的拥有者,从我的角度看到的贺嘉,在待人接物、组织能力、演讲水平、逻辑思维等方面,都明显超出绝大多数工科背景的程序员一大截。那一刻我才真正理解,为什么会有人愿意坚持做这样一场劳心劳力非营利性质的大会。**当单凭自己的技能无法杀出重围的时候,跳出来做个攒局人,是一条可以学习和复制的捷径。**

第一,获得牌照,举办大会,约等于有一项自己的事业,可操控和覆盖的范围远远大于日常工作的权力半径。邀请嘉宾、洽谈赞助、联系媒体、招募志愿者、选择供应商、和观众互动接触,每一个环节背后都蕴藏着无限的想象空间,给予机遇和缘分一片生长的土壤,这是考验执行力的重要前提。很多人苦恼的地方在于自己怀才不遇,没有施展拳脚的机会,那么何不考虑自己创造一个机会出来呢?

第二,运营这样一个顶着牌匾的活动,是有一定压力的。在压力和规则之下,无论是对于运营者本身能力的训练和提高,还是通过监测嘉宾的表现收获启发、切身学习,都要比日常琐碎的重复性劳动要有含金量得多。

他们交给我的记录表非常详细，有细节。我在参与策划和组织其他的线下活动中，尽管运营人员也会紧盯嘉宾的 PPT 质量，但是如此规范细节的还是头一次见到。这种流程不论是对于大会本身、嘉宾个人，还是运营者自己都是有极大意义的复盘材料。

任何一个演讲者技能点的全面性，都比不过一个久经沙场的面试官。

第三，技能的特殊性和个人品牌，是职场上最吃香的竞争力。

我在《没有门槛的事情，不如不做》一文里表达过这个观点，**在时间精力有限的情况下，选择较少人做的，并且有极高的市场认可度和长尾效应的事情来做，它会成为你简历中的里程碑。**贺嘉自己也说，通过举办 TEDxZhuhai 这样的活动，收获了各种职业机会，包括现在的腾讯云布道师的工作，这份工作在国内较少听到，但是在硅谷技术圈内较为盛行。它不仅仅在薪水上要超过一般程序员一大截，在行业地位上也远超后者。毕竟你影响的是你写的代码，他们影响的是无数像你一样写代码的人，谁的影响力更大，一目了然。

第四，对活动策划和执行本身的技能来说，它具备更残酷的市场筛选机制。普通的互联网公司办活动，要么是免费性质的，花着公司的钱，要么自己人搭台唱戏，要么找会展公司执行，来参加的人也不会太挑剔，也没有明显的对比，毕竟个体活动的目的性和组织形式差异较大。而 TEDx 这种同类大会在全球都有，类似分舵一样的存在，使得平级组织之间非常容易比对，而且门票的售卖也直接显著地反映了策展人的推广能力，加上视频后期会在互联网上传播和留存，质量和人气都是真刀真枪的近身肉搏，如果质量严重不合格还会有牌照被收回的可能性。哪个更考验人专业的活动策划能力，显而易见。

第五，通过活动连接的每一个嘉宾，都是绝佳的学习榜样。晚宴后安排了第一次彩排，坐我邻桌的是 FT 中文网的副总裁，看上去四十岁左右，她有些焦虑地说："哎呀，怎么还不赶紧彩排呀，我还想一会儿出去跑个步呢。"那一刻我惊呆了，在这样一个舟车劳顿的时候还能有心思锻炼，旅行箱里还记得带双跑鞋，顿时脸红地看了看自己的肚腩，不好意思搭腔。彩排过后有的嘉宾改 PPT 改到半夜两点发到微信群里，早上醒来我仔细一看，整个排版和布局都在精益求精，这种近身的刺激让我一个上午憋出两个"新包袱"加到了演讲里，避免输人太多。这些平时的大忙人，即使认识也大多是泛泛之交，但能在活动合作的过程中近距离地体会他们的人格魅力和优秀的职业素养。作为活动组织者，必然是受益最深的一个。

其实类似的案例有很多，攒局算是一个高阶的技能了，初级阶段的是交际花和掮客。但是交际花只能保证利用自己的性别优势或者性格优势，获取到一些便利和社会资源，但是撑死了只能到达占点小便宜、找个工作的地步，而且很容易偷鸡不成蚀把米。掮客呢，也大多是辛苦的体力活，比如猎头和销售，一对一的服务模式很难量产，形成长久的事业。而攒局者能够使场内的几十人、几百人彼此之间都产生各种各样的化学效应，影响力的量级是以次方形式递增的，且作为平台搭建者能够真正地沉淀出一份事业，再经过合理的分工协调，就能够将一个小的规模扩展到一个无限的想象空间里。众筹咖啡馆、自媒体联盟、××商学院都是当代攒局者的标杆案例。

我自己也在玩儿知乎的初期就开始搭建各种各样的微信群，很多人不明白我的意图，因为微信群的建立和管理非常消耗时间和精力，还很容易引发矛盾和纠纷。我很难用三言两语解释清楚。其实最初的想法就是我一个人没办法和陌生的网友们一一聊天认识，于是我把看起来跟我最气味相投的人聚到一起，我就可以一对多地认识他们，他们彼此之间也能互相密集地碰撞思维。等到这个池子积累大了，它就变成了一个小生态，有律师、医生、程序员、公务员、交易员、教师、互联网各个公司各个岗位的从业者，他们彼此之间形成了一个跨界的脑暴小团体，互相可以更细致地了解对方的生活，从线上迁移到线下的各个群聚会面。他们的交流让我可以最快速地找到正确的学习方向和路径，在瓶颈处能够获得至关重要的点拨和启发。

正因此我也才能够有更加宽广的视野，洞察这个行业的全貌、潮流和风向的变更，以及执行人员在工作中受到的掣肘和期待的愿景。而这些，都是我网感和辩证思维能力的重要来源。这并不难做到，只要你拥有一颗服务大家的热心，任何人都可以开始尝试将自己家的客厅变成朋友们交流的大本营。

做个攒局人，而不要做个旁观者。这个时代，只有掌握主动权的人，才有未来。

面试如相亲，逮着机会就秀肌肉

我朋友桃子是个学霸，毕业后一直在知名企业做着基础职位。但是三四年过去了，一直没有突出的业绩，没有带过团队，就是安身立命的状态。不料企业高层人事变动大换血的时候，因为她不是任何一个领导的亲信，也没有核心竞争力，就被迫领着补偿金走人了。她来找我聊未来规划时，正巧有个外地公司的业务负责人给她打来面试电话，听筒声音很大，围观全过程的我，一边听，一边动笔记下了满满一页纸的槽点交给她。

面试官：你好，我这里是××××，收到你的简历，很感兴趣，想和你详细沟通了解一下，你能做个简单的自我介绍吗？

桃子：我叫桃子，毕业于××，之前的工作经历是××××，现在负责的是××××……（省略简历上的一些基础信息）。

面试官：请问你过去的工作中有没有什么突出的成就？说一件你觉得最引以为豪的工作成果。

桃子：(有些艰难……)我主要做的是一些日常的维护工作，完成老板交代的需求，支持各个部门之间的协作，由于各种原因我们的公司级年度项目一直都没有上线，所以我只能尽快地找出问题，并且努力推进它。我负责的几个模块，几乎没有被别的部门投诉过。

面试官：好吧，那你告诉我，你是怎么做到没有投诉这样的结果呢？你遇到过什么样的困难又是如何化解，以至于不会被投诉呢？

桃子：(内心：因为老娘优秀啊，就很容易做到啊！)因为我性格比较好，遇到问题的时候会去主动地寻求对方的支持和谅解。在公司里人缘不错，团结同事。而且我是比较负责任的人，项目推进到我这里的时候我都是第一时间处理和响应，不会耽误别的部门的协作。

面试官：好的，那你对我们这里的业务有了解吗？你准备怎么做好它？

桃子：有一点了解，入职后我会迅速搜集各方面的需求，理解公司的战略和产品的特性，制定相应的计划。我相信以我专业负责的工作素养可以保证项目的顺利推进。我有丰富的项目经验，前期也能避开很多雷区，减少你们的试错成本。

面试官：好的，你有什么要问我的吗？

桃子：你们这个业务的前景是什么？

面试官（有些艰难地）描述了一番。

然后双方在友好祥和的气氛中挂了电话。

挂了电话的桃子呆呆地望着我，忘记了回避，此时的气氛有点微妙，尴尬的我把僵硬的脸揉了揉。这是一场注定失败的面试，我让桃子做好心理准备，既然来找我就是聊工作，那我就给予一些更切实的建议。

批斗会就开始了。

首先，对方会打电话来，说明桃子的简历已经过了基本的门槛，不论是学历，还是工作经验和年限，以及一些基本技能，都满足对方的最低标准。所以打电话来，是想了解更多简历之外的信息，并且对桃子的个性和能力做一个初步的判断，再决定要不要惊动部门老大进行二面和三面。

所以，当进行自我介绍的时候，除了简单重复一下简历里的基本信息，更多的是要进行更丰满的解释，比如对目前这个工作和行业的看法，以及对未来的期待和倾向选择，结合自己的个性特点，陈述一个更鲜明立体的自己。

其次，桃子最为难和心虚的地方在于，她一个好学生，一直都是按部就班地完成老板布置的任务，所以并不知道如何包装和突出自己的技能，讲出对方真正想听的信息。公司项目没有上线，没有关系，这真的不怪谁，对方也不是很关心这点。**他关心的是你这几年时间里得到了哪些可复制的经验和可迁移的技能，能够为新公司所用**。比如为这个没有上线的项目积累了大量的行业资源（可带走）；制作了很多精美的素材和文案（可复制），得到了公司大老板的认可，并且年终绩效拿了S（或者其他什么结果和表彰）；能够保证原型图和方案一次性过关，修改次数为两次以内（没有赚钱的技能点，有省钱或者省时间的技能点也可以）。

零投诉率，良好的同事关系也很重要，但是用性格好这样的理由解释会显得非常不专业。这是加分项而不是录取项，**而有一套比较科学的工作模式和流程，确保多部门的需求点能够在前期就达成一致，避免后期的扯皮和纷争，就是上级看重的工作素养了**。

打算如何做好所应聘的工作岗位这一点，对方更想听到的是具体的方案而不是信誓旦旦的保证。例如实习生最爱说的就是我勤奋好学，一定能完成任务。其实老板真的不是老师，他不是为了让你学东西而招你来的，他更关心你如何给他把活儿干了。至于你是拼命学，还是找资源解决，还是其他什么手段，他并不关心，他更关心这个思路和行为模式。不要担心老板偷你的点子，这个世界最不缺的就是点子，执行力才是关键，所以大胆地提供切实可行的具体方案。比如从某某渠道搜集各方面信息，按月出具竞品分析报告，从哪几个维度给予方案供领导决策。

当面试官让你问他问题的时候，除了问业务前景外（因为这个东西其实面试官自己也说不好），可以更多地问问该业务在公司布局内的作用和地位，能够获得的资源和支持。这个一方面对求职者来说确实是非常重要的信息，避免跳进一个大坑；另一方面也是在向面试官传递很积极的信息，表示你对职位很感兴趣，很在乎如何能够做好它。想做成这件事儿，而不仅仅要一个饭碗而已（哪怕你真是这么想的，也请不要表现出来）。

桃子听完有些不服气："可是对方问我的问题我都很好地回答了，还算顺畅和得体呀。你说的这些东西有的他都没问我，我怎么主动说呢？"

这是一个大大大的思维误区！！！

这是社会，不是学校，**不是老师问什么你就答什么，社会的课题没有及格分，只有成王败寇，只有最优秀的人能够获得最好的机会和资源。所以你要做的是尽可能地展现你一切的机会和优势，掌握主动权，对方给你个杆子你就可以往上爬。**对方如果是你的上级，会觉得你很主动，比较省心，不会踢一脚才挪一步。

更何况，其实打电话来的如果不是 HR（人事专员），很可能对方自己也就是个平时干活儿的，根本不知道如何面试人，如何能问出他想要知道的。

那么这个时候你完全可以主动进攻，总之面试的目的就像相亲一样，希望双方看对眼，那么你就换位思考一下，对方最看重和想得到的信息究竟是什么。表面上他问的是：你遇到过什么样的困难？实际上潜台词是想问：你解决问题的能力如何，能不能也为我们解决问题，解决多大的问题。他问你做出过什么样的突出业绩，可能就是想给你贴个标签，知道你的优势和核心竞争力是什么。所有事情做得井井有条绝不是核心竞争力，尽管这很重要。**核心竞争力一定是"人无我有，人有我优"的**

东西，平时就想一想挖掘积累，否则你永远就是一个模糊的面孔散落在茫茫人海里。

应届的高材生很好用，因为他们总是能完美地完成各项指令，但是他们如果一直这样循规蹈矩下去，也会碰到很低的天花板。在接收到指令的时候除了思考对方要的是什么，我怎么满足他以外，需要更进一步想对方为什么要这个，我有没有更好的解决方案。这样长期训练下去，你就会变得越来越机灵。**你逛淘宝的时候也会惊叹于他们的广告算法，把"猜你喜欢"做得无比精准，那么在日常的工作协助中，你能不能做一个人肉版的"猜你喜欢"呢？**

另外说一点题外话，基本上目前的招聘市场，通过网站投递找来的工作机会都不会太好。要么是边缘部门，要么是鸡肋业务，因为最好的岗位在缺人时，一定是从内部得力助手里挑选和提拔，或者内部人员第一时间就内推给自己的亲朋好友了。流到外面的，大多是被挑剩的，所以不必有太高的期待。如果遇到心仪的公司，先进去，再慢慢转岗。

最合适和合理的跳槽方式是在平时的工作中，找到心仪的合作方，通过一次次的公务合作，对方对你的能力有着充分的了解，在恰当的时机一拍即合，双方知根知底，无缝衔接地跳槽过去。如果是设计、程序员之类的技术岗位，也可以通过外包的方式接触外面的工作机会。原公司做到骨干地位的时候，联系一些优质的猎头，能够帮你谈判，要到更好的待遇也是不错的。

如果你只是个螺丝钉，说实话，去哪里都差不多。**频繁跳槽的下场，就跟习惯性流产似的，再也无法沉淀出一份真正的事业了。**

知识分子净瞎矫情

大半夜被《为北京难过》刷屏了,很多人有感而发,纷纷表达恨北京不成钢的思绪。然而可能人家大北京只会心里无语:"你们戏太多了吧。"

我是一个只漂了一年半的北漂。比较抱歉,我没住过地下室,也没盖过毛巾被,没睡过客厅三截的沙发。我还年轻,不需要买学区房,当然北京也还是赶我走了,因为我办不了居住证,房东不愿意借我房产证,我的小伙伴们那时候也还都没有房子。一帮穷鬼,交友不慎。

更气人的是我前脚刚走不到半年,老张就一声不吭地买了房。现在一帮北漂上演起红苹果乐园,一到周末,圈子里的朋友们就从北京的各个角落出发,进军回龙观,浩浩荡荡,去老张家吃饺子。当然,上海对外来务工人员(我),也只比北京友善了不足挂齿的一点点而已。

Blued 的老板曾经得意地跟我说，他们好多程序员都是从 BAT 降半薪来工作的，不为啥，就为在这里活得自在，可以大中午在休息区跳草裙舞。

北京都快把我们这些怪咖惯坏了。我们可以一年换七次工作，只要我们乐意。说走就走，想留就留，戴着耳机刷着微信，一样可以把活儿开开心心干了。我们可以在望京扫码一条街，靠关注公众号活一个月饿不死。我们可以扑闪着星星眼在宇宙中心五道口喝着啤酒喃喃自语，什么时候能赚到一百万啊。对面一般都会回一句"那你辞职单干吧"，而不是"做你的春秋大梦呢"。

在北京，从月薪三千到月薪一万，我只花了两个月的时间，我也没做什么特别的，只是到了北京而已。周围还有很多朋友在各大厂写着代码，月薪三万以上，而他们之前的职业稀奇古怪，做饭的、下矿井的、消防的、卖药的……英雄不问出处，这里是所有人的江湖。

当清华北大的大神感慨自己买不了学区房时，我只能感慨他们读书读傻了。在教育体系里称王称霸，在社会上没有特殊优待就不开心要踢脚了，凭啥呀？买不起就不买，上不了公立学校就不上。你一个清华北大的学历还怕教不了小孩吗？当代学校教育只要不是睁眼瞎，都不得不承认拼的就是父母，拼的就是家庭教育，拼谁去上课外补习班。两三岁开始右脑开发、图片记忆，幼儿园大班学完汉语拼音和数独，会唱几首英文歌，会拼机器人。谁指望学校老师教啊，闹呢？

我为什么会知道，咳咳，要是不提这一茬儿我都忘记我也是当过老师的人。现在的学校老师不敢罚，不敢骂，啥重话也说不得，家长随身一个录音笔，去教育局投诉，一投一个准。你家孩子如果不学好你让人老师怎么管教，只好睁只眼闭只眼，挑好的重点培养。现在老师学乖了，准心瞄准家长，逼得家长回去给孩子检查作业，用铅笔打对错，自己亲自下海辅导，要是有错误家长没查出来，老师不说孩子说父母，看你难为情不难为情。我说你还迷恋学区房好学校，是对自己的基因遗传多不自信呢？

你说租房影响生活幸福指数，我还说家乡社交圈里的谣言和代购影响我精神健康呢，都是生活的某一维度而已，北京没对不起你多少，她给了你更多。她没有给你面朝大海春暖花开的房子你就难过，你也太容易难过了吧。

我始终相信生态是有自平衡能力的，不喜欢居无定所的走了，自然会来天生放荡不羁喜欢浪迹天涯的；喜欢安居乐业男耕女织的走了，自然会空出位子给自带鸡血小宇宙的。我们为他们双方都找到自我感到高兴，瞎矫情什么呀？

人生最重要的时刻是什么，一定是有起有伏，有上刀山有下火海的曲线图里的拐点，即使最后回归田园，也是回望一生中波澜壮阔的里程碑，而不会是怀念平静得如一潭死水的两点一线，以及每一天并没有什么不同的那座名为"家乡"的围城。

我敬你们，年轻的热血北漂党。

当然，不是每个人的家庭都能理解和承受这份热血，他们总是在教导你们，要安定，要踏实，不要浮躁。然而他们忽略的是，作为我们的上一代，他们的世界很单纯，学习、高考、当状元、进国家机关或者事业单位、老老实实论资排辈，大多数人止步于科级但也平安喜乐了。他们没什么丰富的想象力，就算想发财，大多数人也只能炒炒股，做做小生意，违法乱纪的人就挖空心思以权谋私，赚了钱也只知道买房子，贫乏得很。

我们这一代就不一样了，我们从小就开始培养独立的意识，强调自我意识，互联网和留学浪潮又再一次把我们分化成不同特征的群体。二次元、游戏、极限运动、古典音乐、烹饪都变成一项爱好，而不是生活必备技能了。同时，我们成功的方式也不仅仅只有升官发财一种，老一辈根本不理解为什么没有实际买卖交易的互联网公司，有人向里面几千万几千万地砸钱，不了解什么是比特币区块链和亚文化，不懂为什么在家里对着电脑唱歌跳舞就会有一堆堆的人打钱过来。我们的选择太多，所以我们开始焦虑和迷茫，不知道自己该走哪条路，该怎么拥有真正想要的生活。**甚至于在迷茫中，将自己的痛苦错怪给北京这座城市的节奏和压力，觉得是她剥夺了我们的幸福感。**

小城市里游手好闲整天无所事事鬼混的也不少，北上广安居乐业幸福美满的也比比皆是。"为北京难过"的焦虑说穿了就是怕能力匹配不上野心，怕在竞争激烈的战场上打拼的性价比太低，不如在家里享受祖上的积累来得轻松容易。

是啊，抗拒压力和变化是人类的天性，北上广也不一定就适合所有人。交通、雾霾、拥挤的住房……没有一项比得上家乡，在四线城市一样可以为社会做贡献。但是你想想，你是想回去"享福"，还是想回去"建设家乡"？我们不奢望每一个人都能够为世界奋斗和拼搏，不奢望每一个人都把自己搞得筋疲力尽，但是这个世界之所以变得越来越便利、发达，绝对不是因为那些只想着"安居乐业"的人。最安居乐业的人在古代日出而作，日落而息，男耕女织，可是他们穷尽一生耕种的粮食都不一定养得活自己。**我尊重每一个想要岁月静好的人，但是我更敬仰那些为了这个世界变得更好而去努力、打拼、能够不断突破自我的人。**

有人说，我穷尽一生将自己奉献给北京，也买不了一套房子。可是买房的事情，就算你在三四线城市，也很难仅仅依靠一份当地平均水平的薪水买到，只不过你在家乡有老宅，或者父母的积蓄能帮你多供一套房子而已。说买不起的，那是他自己买不起，你为什么要参考别人的条件去假设自己的人生呢？如果你说"大部分"都买不起，可是为什么会有小部分人买得起，你为什么不去想想自己如何成为"小部分人"，王侯将相宁有种乎？

失败者总是把别人都想得和他一样失败。

说回来，一个普通的应届毕业生可能获得的第一份工作也就是三四千块的水平，在家乡如果算两千，那么看起来差距不过一千，绝对支撑不起北京房价的差距。但是十年后，在家乡可能年入二十万已经非常值得骄傲了，而在北京年收入两百万的人非常正常。这个城市有这样的体量和平台容纳个人财富的飞跃，更别说一旦创业，拿到上市公司的原始股，可实现的财富积累是家乡不能比的。

拿破仑·希尔说：**起点不要太低，越是底层，机会越少，竞争越惨烈，而且时间长了，慢慢就习惯仰视，甘于平庸。**放在北京这样的城市也是，越是大城市，机会越多。我们就不说海归精英、高科技人才在北京抓住机会，轰轰烈烈，出人头地，就算是底层劳动人民、高级月嫂、出租车司机、外卖骑手，都能多积攒三四倍的薪水。就算不买房，趁青春在北京拼一把，多赚点钱，多见点世面，赌一把运气看能不能做出事业，享受便利的基础设施，有什么问题吗？

虽然我们上山之后终有一天会回到山脚，但是那山顶的风景，是匍匐在山脚的人不会懂的。

"身在他乡,志在远方,山河湖海,都是我们造梦的地方。"

那篇《生而骄傲:Uber 的那些年轻人》里,这句话深深地戳中了我,希望也能戳中你们。

抱歉，
我不愿意

我是一个不听话的人，从小就是，为此没少挨揍。但是我讲道理，暴力无法使我屈服，平等的鸡汤可以。

正因为这样，我的脑袋才会像高速旋转的马达一样，不停地问自己、问别人，为什么？凭什么？谁对？谁错？一定要纠结出个所以然来，才能接受事实和安排。体制内不适合我，我也不喜欢它，所以放弃抵抗，我逃跑了。

感谢这个时代给予我们太多选择的权利，选择爱，选择恨，选择南，选择北，选择抗拒，选择服从，无论怎么选都不会到吃不饱饭的地步。你怎么舍得放弃选择并放弃坚持自己的权利呢？

情场上我遇到过一些爱用"打压"手法的男孩子，总是挑你的刺，打击你的自信，毁灭你的信心，让你困扰于自己的种种缺陷——身材不够好，穿衣不够有品位，性格不够可爱，家世不够优越。于是你难过了，自卑了，胆怯了。他微微一笑，大发慈悲地一把揽过你，温柔地对你说："没关系，这个世界上还有我爱你。"

醒醒！爱你的人不该仅仅让你感到自卑。觉得你的衣服不好看，他会让你去尽情买，刷他的卡；觉得你胖，他会陪你去健身房一起上私教课；觉得你工作不好，他会想尽办法，给你创造机会和条件。一味地打压而不给解决方案，就像你在买菜时讨价还价是真心想买，却又不乐意付出过高的代价，一边想要一边又想占尽便宜。这个时候你唯一要做的就是让他们照照镜子，爱谁谁。过几年你冷静之后回过头来看，会顿悟，我的天哪，他为什么有脸那样说我？

工作上也是这样，有些新官上任三把火的家伙，用训斥来树立威风。不要介意，配合演演戏，别往心里去。

我曾经和大老板约法三章，弹性工作时间，有需要协作的部分我移动办公，每天下班六点钟我准时拎包就走。这在习以为常的"九九六"氛围中显得特别不合群。但是我相信合群的人那么多，不缺我一个，我的工作价值也不体现在这个小小的工位里。

这时有个临时调过来的高管，在不经任何事先沟通的情况下，突然在大会上指桑骂槐地公开攻击从不在办公室加班的我，说着我的自私和特立独行，对加班的同事视而不见，不主动去为他们分担，讽刺我的工作能力和发展前途。所有人都转头望向脸色发白的我，我望向窗外，克制住摔门而出的冲动。我静静地听完，心里在一条条剖析：

加班是我的义务吗？符合劳动法和劳动合同的规定吗？我的工作按时完成了吗？我早上迟到吗？同事的加班是我导致的吗？我有责任吗？从感情上我愿意额外帮助他吗？是我力所能及的举手之劳吗？我在能力范围内主动提供过协作吗？领导是想赶我走吗？我依赖这份工作吗？我有更好的 offer 选择吗？我在市场上有竞争力吗？这件事我有错吗？

按多种排列组合和假设推敲了一轮之后，我得出结论：我按时上班，我有权利按时下班，我只拿分内的薪水，也只有分内的义务。如果因为业务需要，我愿意加班，但是实际情况是不存在必须要我硬耗在办公室的理由，不存在伪装成工作狂的必要。同事的工作是他的职责，我没有权利也不应该插手他人的业务，我只有建议权，对方不采纳的话，我没有任何立场替谁做。

从感情上，我应该有协作精神，这点我问心无愧，就算我不够热情，也没道理遭到指摘。我又不是服务行业的人，态度热情不热情什么时候变成工作指标了？

如果高管是为了用这种方式逼迫我让我主动辞职而逃避补偿金，没问题，我平均每半个月就会收到双倍薪水岗位的橄榄枝，我不介意。如果高管是想给我个下马威，好服从管理，那么，他可能算计错了人。

第二天下班时间，我一如既往地收拾东西起身走人，抬头挺胸，堂堂正正。空气里瞬间有些剑拔弩张的气息，我戴上耳机，爱咋咋的。

过了大半年，有拖延症的同事一次次因为工作进度安排得不合理，而导致项目的严重失误，高管话锋一变开始拿我做正面榜样教育大家，及时跟进，高效控制节奏，不要把所有事情都堆积到后半段，不给自己留意外状况发生的时间和余地。我尴尬地笑笑，心里并没有觉得开心和得意，因为**自始至终我都很清楚自己做事的逻辑和分寸，并不会因外界的褒奖和贬低而影响我对自己的判断。我一直都是我，变化的是这个世界。**

坚持自己的判断和原则，也是极为高效的方法。有个同事做事很被动，别的组丢来什么需求她都不停地满足，直到把自己累死。她觉得满足需求就是努力工作的最高原则了。所以过了一年，她的薪水和岗位也一直没有任何变化。一时的螺丝钉没关系，有了螺丝钉的心态这辈子就只能是螺丝钉了。当她也用同样的工作态度和我对接的时候，我严肃地和她深聊了一次。

我们是一个大团队，我们共同的目标是把这个项目或者这个部门做好。那么在这个大前提下我们再来倒推这些具体需求，它们一定有个轻重缓急和优先级。在资源是恒定的情况下，我需要匹配各项需求，那必然是以能取得大成功的势能积累的任务为优先级，所以在你琐碎的需求没有那么大的意义，并且会占据我过多时间资源的情况下，我只能拒绝你，并不是我主观情绪上不愿意配合你。

其次，如果你依然有需求，不是不能解决，比如你尽可能按照自己的意愿，将需求勾勒至接近成品的程度，降低我的加工时间成本，那么我就可以满足你。我将我的需求点罗列清楚，或者给予标准的需求模板，请求对方按格式提供给我。果然，从此流程畅通多了。

理清楚逻辑，讲道理，对事不对人，职场、情场不该有那么多委屈。

如果你讨厌固定的打卡坐班，反抗它；如果你讨厌应酬喝酒，反抗它；如果你讨厌室友对你的欺凌和索取，反抗他；如果你怀疑你被灌输的价值观和传统文化有问题，反抗它。你不要害怕，这个世界比你想象中的要宽容，甚至只要你敢大声地说出你的想法，对方就先缴械投降了。

你强它就弱，你弱它就强。我们在这个世界上会遇到这样那样的打击、蔑视、阻挠，可能会摔得鼻青脸肿，可能会莫名其妙不知所以。但是**当你正视自己的不足和弱点，并坦然接纳它们之后，你会发现失无可失，你会获得更多的勇气和自信。**

来，对着镜子看着自己的眼睛，礼貌而坚决地练习说：抱歉，我不愿意。

弯道超车的小秘密

所有人都想走捷径，在最高的效率下一战成名。如何一夜暴富我不知道，但是在同样的工作时长里如何晋升得更快，拿到多一些的外快，结识更多你渴求的"人脉"，在激烈的市场竞争中后来者居上，我还是有些发言权的。最近的三年，我一直奉行"唯快不破"的行动方针。

我喜欢上海也在这点，功利、契约精神、精致的利己主义。在商业上，我们不谈感情，只谈效率和利益最大化。

所谓的弯道超车，一定是借用了杠杆的力量。杠杆一般分这么几种：资本的杠杆、体量（可复制）的杠杆、资源的杠杆。互联网的兴起就源于三种杠杆的相互叠加，才会在短短十来年爆发出这么惊人的能量。那么效仿一个公司和一个产品，一个人要去规划和安排得当自己的命运，也要用类似的战术去操盘。

首先，找准自己的标签和定位。一个美女，一个学生，一个北京人，一个打篮球好的人可远远不够。去采访你周围所有的亲朋好友，还有家里看着你从小长大的老人，把你最核心本质的优点特点给挖掘出来。比如我，别人给我的评价是：声如洪钟，能吃苦，爱思考，会来事儿。再结合我的职业经历等因素，那我给自己的定位就是一个励志的转行者，所有其他的标签都指向这个词，所有的故事、行为，都是在强化这一印象，并且给出可复制的方法论，让跟我一样背景并且渴望来大城市闯荡的青年人受到鼓舞和启发。

那你呢？你可以专业不精，性格温和，长相平平，但是你一定有你稍微特别一点的长处，比如北方人里最精致的，南方人里最粗犷的，懂美妆的包先生，说男装的董小姐，富二代里最努力的，北漂蜗居族里生活质量性价比最高的。**所有的跨界、反差、错位，都可以形成一个稍有辨识度的标签，而你之后所要做的就是尽可能地将这个标签做到极致。**任何标签的第一名，都有的是功名利禄。

第二件事，就是大胆地标榜自己。我们知道一个产品在上市之后，会尽可能地在一切地方刷曝光，刷存在感，强化大家的品牌印象。在这个阶段层次不是最重要的，广告不要打文艺小清新、晦涩难懂的，要简单粗暴，要直截了当。那么人也一样，**你在社交媒体的一言一行，每一个针缝处，都要先告诉别人你是谁、你的标签、你的社会身份，让别人认识你。**如果运气好，在这个阶段别人就会来主动认识你，寻求帮助和合作了。机灵的人，加了别人的微信名片，进入微信群后，第一件事就是进行详尽的自我介绍。扭扭捏捏不吭气的人，别人对你是无感的，你们并没有达成真正的社交关系。你就算给别人点一百个赞，也对增进印象毫无作用。不如在夜深人静时，别人独自感伤的状态下，给予温暖和关怀、支持和鼓励。

第三件事，尽可能地放大自己的杠杆。比如资金杠杆，你可以成为一个大方而爽快的朋友，乐于去付费咨询大 V，踊跃赞赏，热情请客吃饭，大多数人都不会拒绝一个愿意用金钱表诚意的人。一来二去，那些看似高不可攀的人物很容易就会和你成为普通朋友，允许你近距离围观他的世界。**体量杠杆，则适用于手艺人。**比如程序员写一套程序的软件可以为千万人使用，作家、编剧、漫画家的作品可以被无数人阅读并喜爱，电商可以依靠互联网手段将销量扩散至实体店的数千倍。核心就是找一个你擅长并且有市场的技术，再做到极致。**资源杠杆，则指的是商务媒介、项目经理、创业者之类的一群人，长袖善**

舞，左右逢源，善于将各方资源对接和整合，形成自己独特的业务模式和庞大网络，依靠不对称信息的良性运转迅速实现财富和社会地位的增长。

第四件事，守得住，沉得下，吃得稳。在获得初级阶段的小胜利时很多人就会开始浮躁并且愈发激进，这个时候不栽跟头就显得更重要了，比如舍得抽出一定时间锻炼健身，保持良好的身体状况不会掉链子；远离赌博、攀比、美色以及非法事宜。BAT 三家大厂的廉正道德委员会隔三岔五就会通报一批职务犯罪案件，本有着光明前途的人事业就此夭折，不良的记录让他们很难再翻身，不免让人唏嘘不已。短视的人为了蝇头小利在行业内搞臭口碑，结下一堆梁子，就跟弯道翻车的下场差不多了吧。

随着阅历的增加，你会越来越确信，**人与人之间智商的差距，远远没有社会财富的差距大**，这背后有着错综复杂的原因和运气的成分在，但是弱者信命，强者改命，万事万物依然有**逻辑可寻**。在看浮夸的名人传记之前，不如去观察一些背景条件相似，但是成果要强于你的同龄人的故事是怎样的。去交友，去谈天，实在不行去问出租车司机和门卫大爷啊！

我周围就有很多年入百万的90后，毫不夸张。注意是年入，不是年薪。靠做职业经理人，是非常难达到这个数额的，除非是运气特别好的带股票的程序员。那这些人究竟做了什么能在年纪轻轻的时候拿到这个收入呢？有些是从小就爱写写画画的网红，积累人气后就可以接广告写书做代言，一篇广告两三万，勤奋点，再善于抱团就好了。他们可能看到明星分手的新闻时能噌地从浴缸里爬出来，连水都来不及擦干就要追热点赶稿子。有些是擅长期货的风险投资者，没日没夜地看盘看研报，琢磨和研究规律，形成自己的交易系统和规矩。

外汇、比特币，以及各种我听不懂的金融产品，都是他们手上的武器，在资本的战场中捞尽战利品，即使一时间爆仓也能迅速东山再起。有些是进了投行、FA、投资公司，撮合着几亿的生意，拿着抽成和奖金，成为中产阶级的新兵。有的拿了一批资源就开始单干开工作室，风生水起。他们不是埋头苦干的老黄牛，工作时间也都没个正形地嘻嘻哈哈，扯淡聊天，满世界旅游度假，却非常懂得在关键的节点，没命地冲，疯狂地卡位，见风使舵，见缝插针。

最大的忌讳就是去做伸手党，没有一个伸手党会突飞猛进的。不要以我还年轻、我是新人、我是学生，就觉得别人应该什么都告诉我。**没人欠你的，世界也不欠你。大家都是一样的，乞讨是得不到长久的好处的，利益交换才是永恒的，永远学会换位思考，先给予，再索取。**

在行事风格上，最明显的区别就是同一基础的两个人，一个做事全凭直觉，想到哪算哪，另一个哪怕围观个八卦都要总结下方法论。日积月累后，自己的方法论系统被修正，打磨得越来越好使。三五年后的职场上，两个人的差距会大到让你目瞪口呆。

也不要羡慕别人的起点，一命二运三风水，但是脑子决定命运。有太多把一手好牌打得稀烂的出身优越者，也有太多绝境逢生越走越顺的平凡小人物。命运的好坏，看的是相对值而不是绝对值。

你一定要不停地告诉别人，你是谁，你能提供什么价值，你需要什么帮助，可以怎么和别人交换。这样很多时候才会有意想不到的机遇找上你。当然，你的执行力漂亮不漂亮，决定了你能不能把你的命运女神留住。

柳青说，人生的道路虽然漫长，但紧要处往往只有几步，特别是在人年轻的时候。找到杠杆，用力撬起，绝对是至关重要的那几步。

小心那些"老男人"

我在大学期间因为经商遇到不少牛鬼蛇神。最惊险的一次，至今想来都为自己捏一把冷汗。

有一个和我有生意合作的同系女生，有天突然来央求我陪她去参加一个饭局，因为她"害怕"，说是业务上接触的几个土豪，做工程类的那种，想和脑子活络的女大学生聊聊，了解一下现在的年轻人。我那时真是受用这种吹捧啊。

结果一上车，车并没有往市区开，而是掉头向反方向开去。我立刻警觉起来，大声问是不是开错了。同系女生按住我的手，示意我乖巧点，别不给面子。我虽然很不爽，但是想想我是陪客，好像确实没什么资格提意见，就暂时憋住了。车子一路向郊县开去，狂奔一百多公里，来到了下属的县城。

我镇定了一下，望向窗外，默默记着路，突然发现这车子绕着一个商圈开五六圈了。我嘀咕了一句，这儿刚刚不是经过了吗？司机回答我说找停车位。我心想，就这穷乡僻壤那么大块地，您爱斜着停都行好吗？我意识到他们发现了我在记路，于是想绕晕我。我开始迅速切换成一级警备模式，发挥人生中演技巅峰的水准，开始了一场斗智斗勇的角逐。

下了车，我故意当着所有人的面，拍下车牌，发给室友，尽管她们没有回我。没关系，我一个人把架势拉开！

几个大老爷们儿，当然要喝酒，一般都是上白的。问我们平时喝什么，什么酒量。其他几个姑娘愣头愣脑地说就五粮液吧。我看看，眼色不对，这是要灌酒的节奏啊！于是一直默不作声的我面无表情地接了句："我们不喝酒，有例假。"

他们当然不会轻易善罢甘休，一个劲儿地劝："那喝点红酒吧，没事的，活血的。"我还没说话，旁边的姑娘就接话："好吧好吧。"

好你妹啊！

服务员开了一瓶红酒，问他们要倒多少，高脚杯，几个大老爷们儿大声嚷嚷说："满上！满上！！"等到我这里的时候，我用足以让在座的各位听清楚，但不太高的音量对服务员说："麻烦给我倒三分之一就行了，红酒要讲究规矩的。"

对面开始有了吃苍蝇的表情。

敬酒了，一个不识相的端起他满满一杯酒对我说："来，小姑娘，咱们一口闷了，可能你见识少，酒桌上啊要爽气一点。"然后咕噜咕噜就灌下去了，得意扬扬地盯着我。

我微微一笑，端起酒杯，里面浅浅的一层，晃了晃，对着灯光仔细看酒的颜色，鼻子凑上去闻了闻，然后轻轻抿了一小口，看着他说："我没什么见识，这么好的酒都不醒一下，我喝了真是糟蹋。"

全过程都皮笑肉不笑，眼神不躲避地回视过去，背上一片冷汗。

随后一堆奇奇怪怪的老男人在那儿开始天文地理地神侃。真是不巧，这帮做工程的人，业务和我亲戚的差不多，我开始饶有兴致地和他们讨论起来，问他们手里是什么资源。这一问，他们都蒙了，只能勉强地圆着并且转移话题。整顿饭我都观察形势找借口走，快结束的时候还剩半瓶五粮液（后来还是喝了白的）。他们说酒没喝完不散场，我看看已经九点多了，实在火大，端起酒杯一个一个敬，一口闷了四五杯。这个时候他们又崩溃了，这瓜娃子，怎么不按套路出牌呢？

看我要走，同系姑娘坚持让他们开车送我们回去，我说喝酒了别开车，自己掏钱打车走了。他们也是没想到一个女大学生,竟然舍得打车一百公里的路回学校吧。路上我一直在数落和教育那个姑娘,他们让你喝你就喝啊,怎么还能留下来陪他们唱歌?她一副无知懵懂的样子,一个劲儿地夸我聪明。

快到学校门口的时候她突然说,在这下车,她在外面租房子住的。我一愣,这是附近最贵的楼盘啊,女生的家境很不好才会急着做生意赚钱的,难道……

直到这一刻,我才如梦初醒,回去后就断绝了和这个女生的一切联系。可怕的除了老男人,还有这些想把你拉下水的"好姐妹"啊。

很多人应该也都上过某些知名的英语培训机构,领教过那极具感染力的教师的人格魅力。他们大多玉树临风,能说会道,又在专业上有着令人羡慕的学识和谈吐,不少女生陷入对明星教师的暗恋和花痴中无法自拔。教口语的年轻女老师见状,找了个机会暗示我们说:"你们不要去崇拜那些年长你们七八岁的男人,他们有钱有事业,看起来很吸引你,然而这些你们终将会有的,并没有什么了不起。说不定将来真让你们嫁男老师,你们都不乐意了。"花痴中的我仿佛被点通了任督二脉,开始自信满满,渐渐摆正心态,踏踏实实地做自己的题,不再受他们讲故事和段子的干扰。六七年过去了,我意识到当时女老师的那番话说得多么正确。

而培训机构男老师睡了一个个学员的丑闻,在那之后不久就开始散播开来……

"老男人"只是一个代名词,我指的是一切看起来有着你梦寐以求的资源和光环的人,以信息差和阅历优势吸引着你的倾慕,在你三观不健全、认知肤浅的时刻,以各种你所期待的诱饵去征服你的人。 这些诱饵可能是浪漫的情话、高档的西餐和演奏会,也可能是你深造和发展的"机遇"。他给你画各种各样的大饼,占你的便宜。

要识别是诱饵还是真的机遇很简单,你要详细地询问路径和进度。

场景一:

A 男:我有很多哥们儿,非常挺我,有什么需要帮忙的说一声就好,你的工作不成问题。

问:我写份简历给你,麻烦你帮我转交一下好吗?对方的反馈也告诉我一下,哪里不足的可以改进。

欣然接受并且真实回馈的是机遇,打哈哈就这么过去了的是在泡你。

场景二：

A男：我有很多生意，很多钱，你想要什么我都可以买给你，平时我随便送人的都是阿玛尼。

问：你送我那么贵重的我可回不起，我希望我们是平等的，能够彼此付出。所以我更希望你能跟我讲讲生意经，说说你遇到过的有趣的事。

开始认真和你聊细节和真事，并且着手给你介绍资源的是机遇或谈恋爱，继续满天胡吹理想情怀以及讲大话的是在泡你。

场景三：

A男：你衣服品位不行，你身材不行，你见识不行。

带你去改变、直接给你买衣服、陪你去塑身、带你去旅游的，可能是机遇或谈恋爱，光打压和冷嘲热讽、不行动的是想泡你。

具体语句在实际情况中会口语化和自然很多，希望你们能领会一下。

老男人的套路虽然多，但是来来回回也就那么老三样：摆见识，摆资产，摆人脉。**一个真正强大、自信、品行端正的人根本不需要像孔雀开屏一样给你展示，他浑身上下都会透露出靠谱的讯息，你自然会看得见。**而需要告诉你你才会知道的"实力",多半是装的。

我们难道就只能找同龄的黄毛小子吗?可是这个年龄的男孩子没几个不沉迷在游戏和懒觉中的,优质青年太少了,我就是喜欢成熟稳重的大叔不可以吗?

可以,当然可以。但是你得先确认你欣赏的大叔是不是真材实料,很多三十五六岁一事无成的老男人,就会在女大学生面前寻找优越感和雄性魅力。本事没有,架子派头倒是挺大。如果你实在分辨不出来,就带你爸爸去见他吧。

最后有句话,尤其要小心那些跟你唉声叹气抱怨说夫妻感情不好的老男人,他们更危险。因为他们不仅坏,还厌。

自尊心
不是都值得歌颂

我的祖籍是广西,熟悉的朋友应该都知道那里有多么重男轻女。我爸爸有七个兄弟,每家都至少有一个儿子,只有我家是一个独生女。据我妈妈说,我出生时爸妈写信给奶奶家报喜,等了两个月,没有一封回信。直到我上高中了,还听到大伯撺掇我爸妈回广西再偷偷生一个,不然女儿"终究是别人家的人"。

我爸承受着的压力,总是在我遇到挫折的时候爆发出来,他总是恨铁不成钢地斥责道:"为了你,老爸多么不容易,你什么时候才能让爸爸挺直了腰板呢?"这些话像针一样扎进我的心里,导致我产生极度缺乏认同感、急切渴望实现自我价值的扭曲心理。为了不再被他诟病,到了大二之后我就尽可能地不再要家里的钱了,吃穿用的都是自己一分一分赚来的。我比同龄人有着更强的自食其力的欲望和动机,为了尽早攒到第一桶金,我想尽一切办法赚钱和省钱。大学生家教大约是六十元一小时，所以我也只舍得去买一两百的衣服、鞋子还有包包，公交车都要算计着是不是不坐贵一些的空调车。

寒假的时候，我刚拿到驾照，去我爸公司帮他开车想练习一下。当我穿着八十块钱的棉袄出现的时候，他的员工窃窃私语："老板的女儿怎么穿得这么寒酸，公司是不是要倒闭了呀？"

2008年的时候，房价刚刚开始冒头上涨。有个大学同学立刻就让家里在学校附近买了一套房，自己也不住宿舍了。我们纷纷投之不屑和鄙夷的目光，表示这种纨绔子弟还没念出什么名堂呢，就开始啃老挥霍，享受先行了。结果大学毕业的时候，买房的同学把那套房子卖了出去，大学四年的生活费、学费全扣完了还有一大笔结余，等于白住四年又赚了一笔零花钱，我们目瞪口呆。

开始工作后，爸妈给我一张银行卡，让我去买点高档衣着。我傲娇地拒绝了，我说有什么能力就过什么样的生活，我买的包包一定是月收入的十分之一，我才不要学那些月光族承担着跟自己实力不匹配的虚荣心呢。结果我背着粉红色的MK去谈业务的时候，半途冲进来的客户同事看着我吐了吐舌头说："哟，你们在面试呀？"

那一刻，我仿佛被雷劈中一般，茅塞顿开。我那畸形的自尊心，根本不是什么美德。如果我父母是下岗工人，我执意装阔那是我的无耻，但是倘若在他们能力范围之内，将自己打扮得体面得体，不仅仅是我个人的颜面，更是他们的颜面，也是社会身份的象征。奢侈品有着它的社交属性，它能够迅速帮助别人定位到你的各种标签，尤其是商务人士，得体的装扮往往暗示着实力和可靠。**一个不修边幅的人，很难让别人相信你能对工作也尽心尽力追求完美，有着高标准、严要求和强大的自控力。**

至于透支父母的钱买房，看似是让父母背上了房贷，但是从长远来看，尽早买房是在为家族整体的资产配置最优解负责。等到你收入上涨、通货膨胀、房价上涨、生活稳定幸福指数增强，早期的问题都会迎刃而解。你放下一时的偏执，是在避免日后家族背上更大的压力，甚至从此断了希望，望尘莫及。当然，前提是你努力上进，并对自己的前途保有信心和决心。

争一口气不是什么坏事，但是凡事过犹不及，皆有尺度。从零到一百万固然厉害，从一千万运作到一个亿也未尝不牛，争气这件事，看的是相对值而不是绝对值。**但为了吃苦而吃苦，放着好好的资源不要，为了所谓的"证明自己"，硬是错过投**

资自己的绝佳时机，放弃可以施展能力的绝佳舞台和机会，才是愚蠢和幼稚的表现。

我有一个朋友，性格开朗，为人机灵，父母是国企里的高层，标准的富二代。但是他成绩不好，文凭很烂，勉强凭自己的能力在一线城市找了个月收入三四千的工作。他又爱玩儿，整天入不敷出。想转行的计划念叨了两三年，依然没有成功。动不动就向我询问，腾讯百度的某某职位能不能拿到一万块，他想去试试。职业需求上写的大多是表达能力强，善于团队合作之类的软能力，这让他十分兴奋，跃跃欲试。我给他泼冷水，学历就过不了关，硬技能也提不上筷子，不要痴心妄想了。他总是不听，不甘心，觉得某某为人处世还不如他呢，凭啥他可以自己不行。我叹口气，告诉他，为人处世再强，那也是建立在专业技能过关、社会地位中上的情况下才生效，最适合他的路就是回到父母的地盘，找一份他们能力范围内能给的最好职位，慢慢爬到中高层，这个时候有了资源和地位，就可以大施拳脚了。我这个朋友死活不听，觉得混回去"没面子"。你回去混得青出于蓝而胜于蓝，怎么就没面子了呢？真正丢脸的是那些烂泥扶不上墙的呀！

就这样，我不知道他还要漫无目的地"打拼"多少年，还要无谓地"牺牲"到什么地步，除了能够感动自己以外，让人连同情励志分都打不下去。认清自己，认清形势，识时务者才为俊杰。

我并不是在宣称"啃老"理所应当。南京这个城市很有意思，既浮夸又低调，非常别扭。高中时有个大姐大，为人豪爽，出手阔绰，经常请大家吃饭喝酒。有一次我去她家玩，震惊得无以复加。那是真正的家徒四壁，一间小平房坐落在拐七拐八的小胡同里，门口就是污水横流的公厕。屋子里没有一件像样的家具，而邻居小卖部的姐姐跟她似乎很熟，笑盈盈地问："小盘膝，今天要酒不？"后来我才得知，她妈妈每个月卖早点磨豆腐脑赚的钱，就被她这么花着，买她的威风和颜面。

还有很多大学都考不上的失利者，不能忍受大专和三本，硬是让家里把房子卖了，供他们去国外的野鸡大学念书，第一年雅思没过上一年语言学校，好学校读不下去怕毕不了业再转校转专业。我工作好几年了他们书还没念完，而国内全家人都在租房子住。看他们的朋友圈，香槟美女好车，歌剧旅游蹦迪，丰富着他们多姿多彩的留学生活。

这样的自尊心，除了无耻和无知，我找不到别的形容词。

我妈有个老同事下岗比较早，夫妻俩一个月的伙食费是150元，是的，你没有看错。他们每天早上在菜场开门前，先去批发市场上的蔬菜，那个时候不按斤两称，都是一把一把抓。他们的女儿成绩很好，很懂事，同学聚会的时候不肯去，说："他们都有新衣服小靴子穿，我没有什么穿得出去的衣服。"就这样一个家庭里的人，每天将自己梳理得干干净净，一丝不乱，每件衣服都熨烫得服服帖帖。家里虽然小，但是看不到一丁点杂物，都被分门别类收拾在各个柜子里。就连洗碗的抹布，都被洗得雪白雪白的，晾在水龙头上。我妈每次请他们吃饭的时候，他们都要小心翼翼地将剩菜打包回去，再带几个自己手工织就的礼物送给我们。虽然我们不用，但是放在那里，总是会萌生一股敬意。这样的自尊心，没有人会鄙夷和否认。

暴发户十个手指都是金戒指，也不会让人敬仰和羡慕，尽管他这么做，也是想通过炫富来获得他人的认同；而落寞的贵族，豌豆公主，也依然会让人向往和欣赏，区别就在于品位和审美。

我们常常被自己的自尊心折磨得两极分化，时而自卑，时而自负。而真正的大家，都是宠辱不惊，闲庭信步。如何保护好你的自尊心，并引导它走向正确的道路，是我们一生的课题。

坊间的
爱恨情仇

曾经的我是个爱看故事的人,如今的我是故事中的一分子,却发现人生如梦,现实远远比故事要唏嘘得多。

江湖·地域

北漂的人形形色色,出身天壤之别,有家里上亿资产的公子哥,也有全家老小住在一套四十平米房子里的赤脚一族。可是一进北漂门,大家都平起平坐了起来。这里靠本事赢得江湖地位,这里任何江湖地位的人都可以搭档合作,只要有利益。我们顺着偶然的相遇一见如故,惺惺相惜,又很可能在你换岗或换城市之后陌生得仿佛从未相遇过。圈子很小,干点什么很快所有人都知道,各个饭局仇人相见都格外尴尬;圈子又很大,你丢了的人,可能再也找不回来。

魔都的交通便利些,却很少抱团,下班后都回归到私人生活领地独自逍遥，不愿意在外和朋友厮混；杭州交通太烂，从滨江到西溪的时间都够飞到北京了，所以校区将人隔离开后，人们也只能靠内网征友帖接触新鲜妹子；深圳的人不是忙着加班就是忙着代购。唯独北京，独具一道侠气，每逢周末，三五成群拉帮结派地在三里屯、五道口、工体扯淡闲聊。天南海北，男欢女爱，唯独不谈梦想和回忆，太交心的话，不在这里说，显得傻不拉叽的。

不时出现在风口浪尖上的新闻人物，在线下接触到都会发现是独具一番人格魅力的祸害，或性格乖张，或圆滑虚伪，或油嘴滑舌，或风度翩翩。共同点都是极具吸引力，与网上口诛笔伐的人物判若两人。一个是偶然，两个、三个、四个，都有着惊人的相似点，这时你就会顿悟，木秀于林，风必摧之。谈及争执和是非，多半是求而不得，因爱生恨，同性多为争风吃醋，情敌相见分外眼红，嫉妒和威胁并存争夺江湖地位；异性多为暧昧未遂，恼羞成怒。尽管那些硝烟都冠着民愤的各种各样的大帽子，背地里无一例外都是这两者的变种。

真正的不屑和鄙夷，是闭口不谈的，谈了都嫌晦气。凡是锱铢必较，背后必有蹊跷。

江湖·行业

文人的厮杀，最为可怕，双方手握的都是操控人心的核武器，一不小心就两败俱伤。有心计的，自己电脑上有个备份，将所有人形迹可疑的痕迹截图保存，分门别类，一旦有风声就迅速调阅查档，按阵营划分敌友。一旦出现群体争执事件，你不能乱站队，因为很容易就把人得罪了，未来有些能影响你前途的人就会处处阻挠你；你也不能不站队，不然很快就会因为高冷而被排除圈外，种种聚会都没人邀请你；你也不能做和事佬，两边都得罪了，惹一身骚。**凡是能存活下来左右逢源的，要么是靠作品说话的实力王，要么是人情世故登峰造极的事儿精，都不是省油的灯。**

所谓的男神女神，绯闻最多，实情最少。一个是高处不胜寒，能匹配得上又能互相看对眼的比例太低，加上他们有一些偶像包袱，都是要做大事的人，不会轻易给自己授人以柄的机会，所以相对来说反而干净简单得多。反倒是闷不吭声的普通姑娘，玩个桌游都能把在场的男人全都勾搭一遍，备胎一堆，还让你以为胜券在握。

为钱出卖自己的故事，太少，因为在这里最不缺的就是钱，只要想赚，有的是法子，拉得下身段卖得出脸就可以。但是红人和广告主的结合，甲方和乙方的情侣勾兑，段子手的抱团，把老东家一锅端的墙角队和姐妹天团的做作矫情显得格外扎眼。有趣的是，他们都有着美好又宏伟的梦想，想做一点事业，而不仅仅是赚钱。

幸好这个世界，最后没有被他们改变。小打小闹一阵子，都偃旗息鼓、分崩离析了。

靠当网红起家的创始人，死于洗不白的黑料。观众不关心真相，只关心谣言听起来够不够狗血。杜撰的人也许是创始人多年的粉丝，千里迢迢来拜访，却被拒之门外，亲眼看着他喝茶发呆而推脱不见，怒而愤起执笔，拒绝和解。有些造谣者锒铛入狱了，却留下杰作，依旧深远地影响着风向。网红老板们一般对员工又极其吝啬，觉得功劳自己占了大半，所以黑料又会源源不断地袭来。最坑的是遭遇人情冷暖变故的企业主，为了给自己灌鸡汤沉迷于修道、灵修，自己沉迷不算，又从中看到了巨大的商机，开始搞成事业，好好的企业放着不管，把自己赶上传销的路数。于是原本淳朴简单的人，硬是给时代逼成扭曲的模样。

而默默无闻的企业主，又大多死板固执，控制欲极强且不尊重市场，暴力蛮横地通过举报、打击竞品、挖墙脚、安插间谍窃取秘密情报、黑客入侵服务器等手段，蛮横厮杀。入行三年内，不可贸然组局以畅谈其他大佬的方式来套近乎，因为你不会知道你对面的听众曾经和你口中的人多么知根知底，相爱相杀。

有的人红了是为了睡姑娘，有的人睡姑娘是为了姑娘捧他当网红，世间种种，千奇百怪。只要你有利用价值，你就会看到心怀鬼胎的各路人马，显露出滑稽的嘴脸。写着感人肺腑的爱情故事的作家，背地里是个骗炮的人渣，同一个桥段对每个姑娘使还不算，卖软弱卖惨卖穷，激发姑娘母爱情结，骗吃骗喝骗炮骗钱的事情屡见不鲜。三十多岁的有才华的男人，不是离异的就是没玩够的，当然还有不少装单身的已婚男，接触时慎重，再慎重些。他们能一眼看穿你不谙世事的小眼神，用着各种熟稔的技巧勾得你意乱情迷，挥一挥衣袖不带走一丝责任。留下一身伤痕的女生，开始游戏人间，沉迷酒精。记住，人渣不人渣和才华没有关系，大仲马、巴尔扎克在生活上都有瑕疵，不要把他们的文学作品和本人太强地联系起来。接受才德分离的心理准备，你的三观才不会天天碎一地，在遇到危险的时候才不会怀疑自己的判断，跑得越远越好。

江湖·法则

几乎每一个当红炸子鸡，都会遭受为期半年到一年的群众审判期，这是一场化茧成蝶的洗礼，没走过的人都难以体会这一段历程是怎样的黑暗和惊心动魄。各种旧相识、老同学、打过交道的路人或仇家，会从各个角落里涌出，一轮一轮真真假假的爆料企图将他们撕裂。任何一个未曾准备好的素人，被突然推到聚光灯下时，都会在舆论的潮水里面目模糊。而当你扛过了这一段岁月后，大众会开始接受事实和设定，习惯于你的存在，并且感到麻木和疲劳，过气的同时你也会真正能沉得下心来打磨作品和基本功，后续的二次发力决定了你是被拍死在沙滩上，还是真正地成长为一棵参天大树。

曾经看过一句话：如果你比周围人优秀一点点，他们会嫉妒你，如果你比他们优秀一大截，他们就会仰慕你。如果你有幸经历这一段路，请牢牢记住这一句话，**不怪任何人，怪你自己不够牛。**

你不会在意你远在农村的远房亲戚对你的说三道四，因为你知道他们理解不了，文化差异太大；你也不会在意黑龙江的二狗、俄罗斯的什么夫斯基对你的指指点点，因为他们跟你的生活毫无关系。如果你还是会玻璃心，那是因为你和你讨厌的人在一个层面上，那么你要做的不是去研究他们的逻辑和想法，而是尽快、尽早地甩开他们，越远越好。同时你也要明白，此刻的你只是一个道具、一个谈资，与你真实的个体毫无关系。**他们口中谈论的你，和聊起交通一样稀松平常。他们的眼界决定了自己的认知，行为暴露出了他们的幼稚，过好自己，眼睛不要向下看。**

在新的时代背景下，寓言要改写了，扮猪吃老虎不管用，谁都不爱搭理蠢货；扮兔子吃老虎比较好，白白净净漂漂亮亮，又显得一股聪明劲，就是缺少经验需要人指点的傻白甜，求助→崇拜→赞美，没几个老江湖吃得消这套。见多了伸手党学生妹被白玩一场，还被嫌弃帮不了自己的事业，高高在上的女王过于强势黯然离场，而励志努力的邻家女被众星捧月地扶持起来。新的寓言故事的背景，带着北京雾霾的味道，将阳光折射出别样的色彩。

Chapter Two

不要在本该投资的年龄
选择收割

格局和远见，决定了一个人最终能走多远。过早地收割，会让我们失去对未来的想象力。年纪轻轻的时候一帆风顺，也会让我们对命运失去敬畏。没有真正体面的社会地位，你一身名牌，不会获得真正的认可。当你功成名就时，你喝粥大家都视作养生标杆。

不要在本该投资的年龄选择收割

我采访过一位真正的连续创业者 Z，因为他几乎每年都开辟一个新领域的业务，连续十年了，而且做一个成一个。为了孵化旗下的 30 多个 IP 团队，加上融来的钱，Z 投资了近 2000 万元。可他的个人账户里 10 万块都不到。他赚来的所有钱都又花出去了，将事业一步步扩张。

早期为保时捷做策展的时候，客户只有六万预算，他勉强做出来的方案客户也觉得可以用了，但 Z 过不去自己心里那关，在展会前一夜推翻重做，自己补贴了 10 万块进去，对待自己的作品，他视若珍宝。也正因他的口碑好，为他带来的客源络绎不绝，活儿永远多到做不完。

Z 说他创业的头十年都不准备赚钱，见识过各种各样的有钱人，都一样，就算头一两年赚了后面总会亏出去。命运里该有的坑一个都躲不掉，该交的学费，一笔都跑不了。

接触的客户多了,开始有些家境优渥的富二代看上他的能力,撺掇他合伙一起开酒吧。这些纨绔子弟,多半只能出钱其他什么都做不了,酒吧一度濒临破产。为了力挽狂澜,Z开始在微博上尝试事件营销,录制一些夜店的故事视频投放到一些本地号上,那时候很便宜,视频又新鲜,几百块就能投放出热门的效果,营业额一夜能从几万跃升到几十万。Z又一贯走反向策划的路子,做一个火一个,那时候他见识到了新媒体巨大的能量,他决定开始抢夺这块在当时不为人知的大蛋糕。

他拿出之前所有的创业积蓄,又借了几百万,收购大量的户外 LED 广告牌,承包机场的 Wi-Fi,代理了电台。然而这一次,他判断失误,把他七年赚的钱都亏回去了,再一次濒临倒闭。

然而天无绝人之路,就在大家还在微博尝甜头的时候,他敏锐地觉察到公众号的苗头,创立了本地的生活类公众号,迅速成为当地最大的吃喝玩乐自媒体,颠覆了所有一线自媒体从业者对于地方草根号的认知。从此一个小城市来的互联网人,以一种奇特的姿势站稳了脚跟。

我不明白是什么样的动力能让人在没有物质享受的十年里,持续拼搏这么久,到底在图什么。他想了想说,害怕。害怕回首时一事无成，害怕父母老无所依。

格局和远见，决定了一个人最终能走多远。 我们从小就懂不要鼠目寸光、杀鸡取卵的道理，可是在真正执行的时候，往往都抛到脑后了，因为根本意识不到这是短视的举动。

工作就是为了赚钱，赚钱是为了提高生活品质和生存空间，这很自然。可是这会永远停留在一个小富即安的层面，可能你永远都不知道自己可以走那么远。

我身边很多人，月薪几千的时候，就沉迷在奢侈品、旅游、买车、买表的轻奢主义的生活里，我不知道他们这样追求灯红酒绿的满足感会持续多久，到生了小孩想上国际学校时的望而却步吗？到父母老了生病了需要高级陪护时的咬牙切齿吗？到自己想狠下心做一番事业时的毫无资金安全垫付吗？

每个人的生活方式不一样，我尊重你的选择，但是我希望你能在看完我们这些杞人忧天的想法之后再坚定地说没关系，我不需要考虑这些，我想清楚了。那么我支持你潇洒的生活哲学，而不是等到遇到事儿了开始无助地哭泣，怎么办？我该怎么办？

曾经有个朋友总是取笑我的多虑，他言之凿凿地说，他是丁克主义的，他的父母也和他商量过，如果家庭成员有重大疾病的时候不会去强行治疗，互相不拖累。所以他敢一分存款都没有的时候去周游世界，借一堆钱回来慢慢还。他有稳定的工作，小康的家庭，活得非常艺术。而另一边，爷爷得癌症的时候，全家只能默默地把爷爷接回乡下慢慢等死，每晚揪心地听着爷爷痛苦的呻吟。从此他就像变了一个人，他这才开始恐惧起来。

年纪轻轻的时候过于一帆风顺，会让我们对于命运失去敬畏。过早地收割，会让我们失去对未来的想象力。

有些天生的乐观主义者会告诉我，他们从游戏、旅行、好看的衣服和包包中已经获取了足够的安全感，如果自己只剩 100 元的话也会花 98 元去给自己买顿好吃的。我说如果是我我也会，因为这个时候债多不愁，虱多不痒了，当你有了 100 万的时候，你绝不会把 98 万拿去挥霍。因为这时候你会意识到钱不再只有消费功能，它还具备了投资属性，找到一个好的投资渠道，比如买个小商铺，有好的理财手段，说不定就会有 10%—100% 的投资收益。

你如果没有思考过这个问题，是因为这离你太远了，你从没想过你也许可以财务自由。而实际上，王侯将相宁有种乎？这个时代足够透明和公平，任何人都能通过自己的一技之长白手起家。

太多的时尚杂志，在诱导着这个年代心智还不成熟的年轻人，要体面优雅地生活。而一个残酷的事实是，如果你没有配置过大的资产，比如房产、豪车、交了 MBA 的学费、出门坐头等舱，你的小件奢侈品并不会配套产生尊贵的气质。你学生时代吃一个月泡面攒出来的单一奢侈品，在提升虚荣心的实质意义上几乎毫无作用，除非你是真的喜欢。浪费那个钱不如买点经济适用的物件，以用得舒心，提升生产效率为优先级。

没有真正体面的社会地位，你年纪轻轻一身名牌，也不会获得真正的认可。你背着爱马仕、穿着 Jimmy Choo 挤地铁的样子你不觉得滑稽吗？甚至看起来都会被人怀疑是 A 货。而当你功成名就时，你喝粥大家都视作养生标杆。

你的青春、机遇、精力、时间，本该发生更大的奇迹。此时金钱之于你，应该是节省时间精力的成本。如果地铁公交过于拥挤影响你阅读，大胆地打车上下班吧，留一块完整的时间给自己充电。我经常写好一篇稿子后将排版和分发外包出去，不用登录各平台的时间浪费我的精力。为知识付费，多少都不算贵，我会明显地感受到付费资源的质量远远高于免费资源。也许是因为一些心理作用，就像米芾练字一样，但是这也依然值得。

我的采访对象 Z，积累了十年的势能，终于要在 2017 年爆发了，从资源角度、能力角度来看，时代拐点已到，他早已做好了准备，如果运气不是特别差，几乎是稳赢。这个体量的事业，可能到年底就是近亿的流水。十年缺失的物质，一下子就可以填补 N 倍。他说，**我不等待机遇，我创造机遇；我不跟随潮流，我就是潮流。**

而同样年纪的人，可能正在遭遇职场天花板，薪水上不去，压力下不来，要么一眼望到头，要么只能考虑从零开始做点事。越年轻试错，代价越低，到中年了，就赌不起了。

什么样的年纪做什么样的事。学生时代就好好学习读书，等你进入社会后你会发现想再心无旁骛地深钻会多么艰难。工作的前三年做好投资的准备，要么投资自身，要么小额度地学习理财，毕竟很少有人能通过工资大幅度提高生活质量，终究要靠事业裂变和资本运作上升到管理层。当你可以像买一支牙膏一样买支口红，像下顿馆子一样买一只名牌包，而不用花半天的时间问十个代购比价的时候，你就可以坦然地犒劳自己了。尤其奢侈品这个东西虽然本身的价值是有限的，但它还具备社交属性、服务属性、品牌感情等等。去专卖店体验一次一流的服务水平，轻描淡写地刷卡入手之后，你会明白我说的话。

　　做事狠一点的，像Z这样，过十年苦行僧般的生活后，很少有不成大器的道理，只要大方向没错，能多坚持下来一年，你就可以战胜掉百分之九十的人。到了社会你会发现很多成功者并不是人本身多优秀，而是因为坚持下去，遇到对手犯错、政策红利、贵人相助等等歪打正着的机会，借用郭德纲的一句话"都是同行衬托的"，那你就是绿叶中的红花，红花中的牡丹。

　　远离那些只会和你讨论吃喝玩乐的酒肉朋友，多去接触有长远抱负的鸡血青年。你首先要做的是认识更远的世界，你才能知道自己想不想去，要不要去，再去思考怎么去。一堆人泡在一起讨论包包美不美的，最后一般都以买不起收场；而一起讨论怎么做事业的人，多半会在交谈中受到启发或者资源互通后一拍即合。你的时间很宝贵，机遇很宝贵，给未来留一些希冀。

学会选择

我们大学食堂的饭菜很便宜,早饭经常一两块就能吃饱。尽管如此,还是能遇到没带饭卡借室友的卡刷完之后,很久不还钱的人,然后彼此埋怨的闲言碎语就传出来了。在我看来两方都很无聊,但是当事人言之凿凿这和钱无关,关乎人品。一个指责对方占小便宜,一个指责对方斤斤计较,大好的青春时光,充斥的尽是这些鸡零狗碎。

这样的事情现在看来幼稚得很明显了,作为穷学生,平均一个月生活费 800—1500 元,积累下来几十块钱够加好几个鸡腿呢。你说让人家不要在乎,也不现实。当然,**正因为大多数人都会计较这些看起来微不足道的小钱,所以大多数人最终会流于平庸。**

有个年轻姑娘进入公司不久,领导看她能力出色,精力旺盛，于是又多分了两个项目给她。于是姑娘开始发愁了，这多干活也不加钱，我该怎么跟领导开口谈判比较好呢？踌躇半天来问我，我双手一摊不好意思我不知道，我从不主动要求涨薪，都是老板来找我，没有相关的经验。

她大吃一惊，问我怎么做到的。我无奈地笑笑，说不想为了主动加薪而导致KPI（关键绩效指标）压力更重。

而真实的原因其实是，如果是后台人员，你消耗的是办公成本，在你确定自己开辟的新项目能成功，并且为老板带来更好的业绩或收入之前，你是没有太多议价权的。相反，在开辟项目的过程中，你是在花着公司的办公成本和预算练手，成与败，你都不是风险最大的那个人，老板是。借用他的钱和风险，积累你的经验值，这样的好事，千载难逢。

话再说回来，你去提加薪，想加多少呢？三百？五百？这点钱，绝对不如自己下班后做点其他副业和兼职赚得多，总共公司就那么大池子，仨瓜俩枣的，你全抢光了又怎样。但是**你过于功利和计较的姿态，会让老板产生很不好的印象，以后再有重任，哪里愿意给你呢？**

如果你是个人才，做完三个月稍有起色，自然有的是外面的人双倍来挖你，老板知道你是个人才，也会主动加钱留住你，你自己也理直气壮得多。钱在那儿，要靠业绩来争取，而不是还没挑起大梁呢就先要钱。这样的人，走不远。

人穷，就会志短。这个穷，不仅仅是身上的现金多少，还包括社会资源、格局眼光等，对自己未来的预期很低，才会尽一切可能先捞尽眼前利益，以防以后没了。

年轻人所共有的三大心病：情感总是有问题的，前途总是迷茫的，钱总是赚不够的。这三点是我们意识形态层面挥之不去的桎梏。可能一个错误的选择，就会让我们的际遇产生云泥之别。而学会选择，是我们学校里老师不教，书本没有，却对我们至关重要的能力。

我们假设有两个姑娘，小 A 和小 B，学习成绩都在一本和二本间徘徊，算中等学习水平；长相相似，家境相似，也都有着良好的素养和积极向上的态度，梦想靠自己的努力在社会上有一席之地。小 A 选择狠下心啃书本，冲击奖学金，努力参加学生会之类的校园组织，考各种证书，做一个优秀的乖宝宝，毕业后努力地考公务员或者研究生，继续走传统的正道去奋发努力。

小 B 呢，在保持自己学业过关、不会挂科的情况下，大量翘课，跑去做自己感兴趣的事情。比如研究彩妆，做一个美妆博主；比如经营淘宝店，摸透电商规则；比如大量社会实践，和三五好友搞了个粗糙的 demo 去参加创业大赛。毕业后，大概率的情况下是小 A 在家乡安定地找个当地的公务员结婚生子，两人加起来七八千的收入，有父母的帮助，过着小康的生活。而小 B，可能在社会上摸爬滚打，鼻青脸肿，吃了许多苦头，遇到很多烂人，过着漂泊流浪的生活，今天在北京，明天在深圳，毕业后就在校友圈里销声匿迹了。

看到这里，我想你们已经对号入座了很多的人，让我来猜猜她们的故事发展。小 A 在经历早期稳定生活的红利，享受家族的肯定之后，很快会面临现实的压力和困扰，工资入不敷出，物价房价飞涨，工作不顺心但是无法逃避，家庭不稳天天吵闹但被孩子困住无法分手，小 A 开始恐慌，难道自己未来的几十年，就要这样将就着凑合过下去了吗？在此时，小 A 和小 B 重逢了，小 B 是北漂，渐渐扎根，学着将简单的出租屋收拾得温馨舒适，有一项赖以生存的技能，三年里换了三次工作，薪水已经是小 A 的五倍了，还没有结婚对象，因为小 B 说"太早了，不着急"。小 B 说自己好辛苦，房子遥遥无期，羡慕小 A 的安逸稳定，小 A 勉强地笑笑，有苦难言。

这是我们大多数人二十六七岁时的状态缩影。亲爱的，你告诉我，你更想成为谁？

如果你想成为小 A，我可以负责任地告诉你，等到再过五年，你会悔得肠子都青了。你不想变，但是世界在变，你想岁月静好，但一切不符合社会发展规律的事物注定长久不了。东北的下岗潮、银行的裁员潮、快消品行业的盛极而衰，会让你终有一天不得不承认"风水轮流转"，我们谁也逃避不了。小 B 不见得最后一定会有成功的人生，但是她的痛苦和迷茫，早在大学期间就完成了，那时候她有大把的时间试错，有极低的成本挥霍，有尚未成型的三观在抗压的过程中一步步调整和完善，她将拥有更健全的人格去经历种种的变化。即使她一番挣扎过后回归泥泞，她也会更加安心和确定自己的人生选择，以自己的喜好去过自己真正想要的人生。

很多人喜欢问我，考研和就业，哪个更好？ A 公司和 B 公司，哪个更好？前任和现任，哪个更好？抱歉，我都不知道。我只能告诉你，我的选择逻辑是怎样的，选择的结果是怎样的，如果你欣赏我，羡慕我，那你可以从我的文字中，揣摩我的思维模式，试着学习如何成为我。我并不难学，我只是胆大罢了。

我在很早就认识到一件事：**人和人之间的社会价值差距，远远大于智商和能力的差距。**那么究竟是什么造成社会价值的差距呢？无非是家族传承、命运和做出正确选择的能力。

这世上的正确选择有两种，一种是"绝对正确"的选择，一种是"相对正确"的选择。

比如说，如何跨越阶级，有人如果告诉你，努力整容，修身养性，成为锥子脸女网红，泡上王思聪，嫁给他。那么这是绝对正确的选择，但是事实上它可以被采纳吗？符合你的实际情况吗？

同理，让你好好学习，考一个重点大学的好专业，拿奖学金，考公务员，不断拼资历混人脉，也可以实现阶级跨越，这也是"绝对正确"的建议。但是我们大多数人也是因为种种原因做不到，这个时候我们会因为失败感到痛苦和迷茫，因为道理我们都知道，但还是过不好这一生。这个时候你就要去主动屏蔽，找到你的"相对正确"的建议。你学习不好，但是长得有特点，嘴皮子厉害，周围的朋友都爱围着你听你唠嗑，你就去当主播，喊麦，打游戏做解说，说不定就混成年薪千万的当红主播，很有可能被王思聪看上，挖到他旗下的直播平台去，后续再发生什么样的化学反应就更要想象力了。你看，这条建议不会有人像教科书一样挂在嘴上，因为它不够"绝对正确"，但也许适合你。

很多人，就是困在了"绝对正确"的死胡同里出不来，考不上公务员就继续考，不善于学习还是逼自己学，最后得了抑郁症，激情被一点点消磨。如果早一点明白这个道理，我们就能早点醒悟过来，找到真正适合自己的用武之地，闯出一片天地。

你的格局，决定了你的选择，你的选择决定了你努力的方向，而你的方向，决定了你的一生。

没有空杯心态的人
都走不远

小时候班主任的口头禅叫："一瓶水满满当当，半瓶水晃荡晃荡。"说的是越有本事的人越稳重，一知半解的人反而最浮躁。随着时间的推移，我却发现满瓶的水也不是什么好事，当他们攀升到一个高度之后，形成了自己固有的知识体系时，就很难再接受他人的意见，眼高手低，最常见于小有成就的知识分子身上。

不带预设立场的空杯心态，在口水横飞的舆论爆炸时代，碎片化信息入侵我们生活里的每一分钟时，显得格外重要。同性恋、宗教、中医、政治、女权……每一个话题下的大V们都互相撕扯得血肉模糊。我很少较真地站队，只会乐呵呵地吐吐槽讲讲段子，而心里真正想的是，两方说的都很有意思，我都要看看，接纳和欣赏：了解他人的立场和思维方式，从中总结出相应的方法论和对我有用的价值观，取其精华即可。

我可以很坦然地告诉别人，我的青春期确实迷过郭敬明，也迷过非主流鼻祖沉珂，我至今也不抵制《小时代》，不排斥、不抗拒，但也不喜欢、不追捧。在时间精力允许的情况下研究研究他们的文字，也并没有什么大不了的。看到缺点是一回事，彻底抵制是另一回事。

戴着有色眼镜的人，如同闭关锁国的慈禧。

每一次舆论的狂欢将对事物的评价一边倒时，我会本能地感到恐惧和担忧，仿佛自由思考和说话的权利已被剥夺，他们人多势众，容不得我半分迟疑。

而熟读《乌合之众》之后的你一定会明白，**群体的智商普遍是低于个体智商的，从众是极度危险的自我矮化行为。**

小时候看武侠，总是不理解为什么所有终极大法的炼成，都要经历摔落悬崖、武功全废、挥刀自宫等等极端桥段。现在看来，金庸、古龙不仅仅是虚构类宗师，更是人生奥义的参透者。只知道死守着固有见识，无法随时清零从头吸收新鲜知识的人，随着时代的突变很快就会被淘汰。诺基亚总部那些拿着优渥薪水的塞班工程师，有几个能想得到会经历 30 多岁了再重谋生路的状态呢？

相反，我一些起点并不高的朋友，因为时刻有危机感，对新技术和新生态抱有极强的嗅觉，并且舍得花时间钻研和掌握，总能一次次在公司破产裁员时绝处逢生，华丽转型，东方不亮西方亮。

俗语里有句糟粕叫"人过三十不学艺"，姑且不论古人寿命短，与当今时代不可同日而语。在现代社会信息更新速度之下，不学习新技术，智能机都不会用的人，出门和半文盲也没什么区别了。同样的条件下，为什么有人学得快，有人学得慢，除了天赋以外，空杯心态也很重要。**人总是对熟知的领域格外注意，对盲区视而不见，长此以往无法扩展自己的知识体系。**

我男朋友的爷爷是早年恢复高考的第一批大学生，至今还保持着学习习惯，最近还开始背起了英语单词。他是个中医专家，退休后还一直为配药厂做顾问。我经常"不怀好意"地试探着问他对现在中医经常被黑的看法，他出人意料地点头认同着大部分观点，保守而乐观地说："我也在反思和学习中，一切还不能下定论，人类的身体机能是一本读不完的书。"

对大自然充满敬畏，谦虚而虔诚，是所有睿智人的行为标准。

说到这里插一句,父母和老年长辈最大的福气除了健康的身体以外,如果能与时俱进地使用网络和智能软件,有自己的业余爱好并自得其乐,真正地活到老学到老,不给子女添精神负担,他们的目光就不会仅仅局限于子女那一亩三分田的小日子而横加干涉,不会因为子女成家立业而失去控制权就惴惴不安。相比经济负担,老年人的精神捆绑更是让年轻人难以承受。

有些很苦的茶,慢慢品,会逐渐体会到沁人心脾的茶香弥漫开来。有些很晦涩的剧,也足以洗涤你的灵魂。最典型的是《狗镇》,尝试看了很多遍,但三分钟之内就关闭了页面,有次看到在经典影评中被提及,终于强迫自己摒除手机困扰慢慢体会,最终沉浸在影片的悲伤中久久无法释怀,多么庆幸自己最终没有错过它。有些看不进去的书,你知道它很牛很重要,硬看也要看下去,做书评,做复述,和看得懂的人反复讨论。迈过这一关卡,后面风光无限,海阔天空。

我很喜欢的一位作家,原来是纯粹的财务工作者,从高大上的金融行业里跳出来做了作家,做得风生水起之后突然又开起公司。她的每一步都是一场巨大的飞跃,不浮躁不嚣张,没有张牙舞爪改变世界的模样,只是淡淡地说,这样的人生比较有趣。

我大学的外教年轻的时候是个建筑工人,他笑嘻嘻地跟我们说,美国人平均一生会从事七份工作。一辈子只做一件事,多无聊啊。于是我们的外教把家里一丢,乐呵呵地跑来中国拿起了教鞭,认真上课之余就是到处游山玩水,遍访这个神秘古老的国度。他唯一困惑的一件事是:为什么你们也不会功夫?

纸媒集体离职的2.0时代,大批知名传统媒体人轰轰烈烈地华丽转身,好不壮观。

在这个瞬息万变的时代,已经没有了什么"铁饭碗"的概念,或者说真正的铁饭碗不是一辈子在一个地方有饭吃,而是去任何地方都有能力吃饭。传统媒体人,明明有手中紧握的笔,在这个良莠不齐的信息冗余时代,如果能够勇敢机灵地跨维度攻击,写出既有传播属性又不失深度严谨的内涵和价值的爆款文章,那么不论互联网时代媒体的载体是否会再从图文转向视频甚至于将来的VR,他们都将拥有传递信息和价值观,深入人心的力量,为自己、为社会最大限度地创造财富。

如果随着移动互联网的浪潮来临,传统媒体出身的人依然固守自己原有的传播模式,只会加速这个古老而优雅的行业的消亡。新闻理想犹存,换一个地方存在而已。当然这一过程中要面临的最重要的问题是，"70后"的资深主编可能不如一个"95后"更懂新媒体，所有的经验和资历要重新洗牌。破除原有的媒体人清冷高傲的姿态，正是他们要做的第一件事。

随时随地把自己归零，接纳自己原本不可接受的事物，需要决心，也需要方法。在这个过程中破除认知障碍最难，简直就是反人性的一件事，要想做到需要内力加外力一起控制。有几个原则提供给大家参考：

1. 任何热点事件不急于评论，除非你是蹭热点的媒体人。放三个月后再回头看，你会有不一样的视角。

2. 对任何"风评不好"的人或事保持警惕，但不抱有敌意，该接触接触，该聊天聊天，天底下的事物早就不是非黑即白了，大多数人都是有时好有时坏。认清这一点，非常重要。

3. 远离三观与你不一致却想强加于你的人，强迫你站队，强迫你表态，包括要求你表忠心抵制竞品的老板……**海纳百川的人不一定伟大，格局狭隘的人绝对没出息。**他们只会不停地消耗你，给你添堵，而谁也无法说服谁。

4. 真正的见世面绝不是去看了多少展览馆，去欣赏了多少话剧歌剧，去周游世界，而是和多么优质的人共同经历过什么样的事。能够接纳和认清这个世界的多样性，能够理解并欣赏不同维度的美，上至阳春白雪，下至下里巴人，怡然自得，毫无障碍。

5. 勇于承认过去自己的不足，勇于推翻自己的陈见，积极打脸，历史的年轮一直是在自我否定中前进的。

6. 每年了解一个新的领域，强迫自己从过去的功劳簿里走出来。

7. 和抨击你的人达成和解，发自内心地去欣赏你的敌人。他们常常会是修正你路线的明灯。

没有门槛的事，
不如不做

总是有人爱问我人生三大终极问题：我为什么这么穷？他为什么那么有钱/牛？我如何像他一样有钱/牛？也许是喝了不少鸡汤，能问出这种话的人多半很勤奋：加班，健身，刷公开课，三十好几了准备重拾英语，总之整天也没少努力，却总也不见忙出个什么名堂，望望房价，长吁短叹。

当然，有时间有兴趣的情况下，做一些自己喜欢的事情，边充电边消遣是非常值得赞扬的。但是假如你很缺钱，很想尽早摆脱现有的生活状态，早日实现财务自由，这种伪勤劳多半没用。因为你所做的努力都没有门槛，别人随时可以超越你，如果他愿意。那么你的价值在哪里呢？

个人财富的积累分为资源型收入和劳动型收入。你的工资，你的兼职（瑜伽教练、健身教练、摄影、会计代账），包括你做点代购或者分销直销，在初期都属于劳动型收入，而这些看起来还不错，你努力和勤劳一点就能够过得很富足。但是这离能给人安全感的财务自由还有着相当遥远的距离。一旦你被健康问题、生活环境变迁、生儿育女等琐事缠身，你就会失去这部分收入来源，一夜回到解放前。

赚钱如吃屎，花钱如拉稀，你要永远像头耕地的老黄牛一样停不下来。

而当你努力的方向门槛越高，你钻研得越深，你越容易获得长久的竞争力和信息差。比如，在一个平台的红利期钻研游戏规则，积累在特定领域内 Top 3 的影响力；玩游戏打国际比赛拿到大奖；积累客户资源左右逢源，拥有圈内的好口碑和人脉。当你一旦积累好了，那长尾效应带来的丰厚利润足以令你高枕无忧。所以当你在努力之前，你是不是可以想得更清楚些，你努力之后的成果究竟能给你带来的是短期效益还是长远效益呢？好的起点，不会让你南辕北辙累死在自己挖的坑里。

你爱考证当然很上进，但是你若是想靠考证获得另一个行业的基础职位来获得财务状况的改善，那就是痴人说梦了。任何行业，任何岗位，拿大头的永远在上游，这是古往今来的游戏规则，你不承认就是不客观。而当你在现有岗位上做到顶尖之后，赢家通吃的模式就会向你开启了。多少唱歌跑调的演员，演而优则唱，拿着你辛辛苦苦吊嗓子都争取不来的曲子炒成口水歌，你有什么办法？

你看别的女生晒晒照片整整容就能获得赞美无数，于是你也开始学，可是永远会有比你更年轻更漂亮的小妖精来干掉你；你看别人已经走了十个国家五十个地区羡慕嫉妒恨，于是也开始规划起 gap year（间隔年）准备直接就去北极圈，制霸朋友圈的格调之王；你看二姨家的闺女微商做得风生水起，于是你也跟着尝试，先屯了五万块的货堆满床下。啊，你到底要吃人家的屁到什么时候？那些真正的有钱人都在忙着钻研下一个红利期在哪里，懒得现身对付你。

凡是用钱、用人力就能解决的事业，都是沙滩上的碉堡，一吹就倒。更不要说随着科技的快速发展，劳动力的生存空间被进一步压缩。你为什么不努力先多花一点心思提高自己的终身战斗力，做别人可能要花大量时间和精力才能做到的事情，而最后多半，只会让他们乖乖花大价钱雇用了你。

同样的时间，要学就学最难的，要爬就爬最险的峰，要去就去最远的地方。你只有超过别人一大截，别人才会注意到你的存在。你还年轻，脑袋空空，即使表面上也能逛逛卢浮宫，装模作样地听听维也纳的歌剧，可是这和你功成名就后，被当作贵宾接待来观赏的体验是绝对不一样的。而这，才是你最初奋斗努力的意义。

战胜他们，并远远甩开，找到你的那条羊肠小路吧。具体是什么，不要问我，问你自己，找属于你个人的"稀缺资源"。在有限的时间精力里，记住判断的准则：没有门槛的事情，坚决不做。

有人说："我家里有关系有资源，我不需要那么辛苦白手起家。"

我的一个远房叔叔大概也算是个小成功人士；他有自己的公司、产业，从小我堂妹的零花钱就是班里最多的；大学的生活费从来没有按月算过，也从没操心过钱的事儿。

羡慕吗？

从前年开始，整个社会风气转向，业务量开始大幅度下滑，加上工程款周期比较长，政府拖欠款项三五年是非常正常的。每年拨下来的款项就那么多，先付谁的都要讲究一番，但是人力成本、招待费用依然居高不下，这就使得叔叔的资金周转十分紧张。从去年到现在，他光跟我堂妹要钱应急就拿走了不下二十万。他的业务招不到人，我妹妹就跑母校找别的系的主任求爷爷告奶奶拉学生去实习；我叔叔遇到上门来讹诈的高级骗术，我堂妹一条条给他分析清楚，悬崖勒马；他的办公设备、电脑配件的购买容易被采购商宰，我堂妹带男朋友上门给他一件件配件清单拟清楚，监督配送全过程。

船大意味着更快的航行速度，同时也意味着要经历更大的风浪、更恐怖的恶性沉没风险。你以为要个好爹，你的日子会更顺风顺水吗？你就高枕无忧了吗？怎么应对整天挖空心思想来算计你家的亲戚朋友就够你喝一壶了。一个"有本事"的父亲倒下的时候，一个本来在门槛内的人，随时都可能被踢出来。**只有自己身上有着强大的执行力，有着厚积薄发的资源和技术时，你才能拥有真正长久的安全感。**

那种随时可以东山再起、卷土重来的能力，是我们一生奋斗的终极目标。

挚爱和激情才能
带你走向真正的远方

我时常被焦虑的情绪裹挟着无法动弹，任由消极的情绪让自己陷入对世界和人生的迷茫里，束手无策。年龄越大，越难取悦自己，曾经吃一大碗冰淇淋，收到一个点赞，或者得到一句夸奖，都能感觉自己要上天般雀跃不已，如今感官都已逐渐麻木。我寻医问药了很久，运动、读书、烹饪，都对我无效。

为什么别人那么容易快乐呢？我将这归结为自己的不满足。

有天心血来潮，突然开始动笔写青春疼痛小说。说来害臊，那矫情和稚嫩的文笔，我都不敢大范围宣扬，只能偷摸地给几个贴心闺密讨论。那个深夜，当我在黑漆漆的房间里，对着幽幽发光的屏幕一字一字敲击键盘的时候，我整个人的状态是忘我的，全身心投入到预设的情节中，陪伴故事里的角色时而感动，时而哭泣。如果有一台摄像机对着我，那面部表情应该看起来很好笑。当我停笔时，看看时钟，凌晨两点半了，毫不犹豫地点击了发送。

可能对别人来说，这一举动非常正常。然而我是一个浸淫了三年自媒体的从业者，我的职业习惯让我对阅读量、粉丝数之类的"回报"非常敏感。明知道这样的题材，这样的时间点，点击发送这一动作会极大程度地浪费这一天的黄金推送时间，并且因风格大变会流失一大部分读者，但我还是这样做了。曾经的我，断然不会这么任性。但是那一天，我感受到一种久违的、心脏快要从嗓子眼儿跳出来的快乐，迫不及待地要和我的全世界分享。我不再关心结果，我只觉得，我已经给予自己最重要的肯定和满足。

那一刻，我恍然大悟，原来这就是我内心最纯粹、最原始的冲动，没有薪水，没有正反馈，也依然甘之如饴去做的事情。突然回想起童年时不论刮风下雨，我都要跑到新华书店席地而坐，读各种闲书的周末时光；回想起那个曾在每个夜晚，闭上眼睛就开始意淫偶像剧情节发展的怀春少女；回想起课堂上桌肚里一本本被没收的闲书。是的，过去的三年，我忘记得一干二净，忘记了自己是谁，只是被时代和压力推着，闷着头逼迫自己做一切可以带来生存的安全感和正反馈的事情。那三年，看着曾经的同学微博在刷的韩剧和追的小说，我皱皱眉选择了屏蔽。我背叛了自己的灵魂，变得面目可憎，成了一个急功近利的工作狂。

然而工作狂的状态却让我越发焦虑，时而肯定自己，野心膨胀，于是欲求不满更加激进；时而遭受挫败又几多沮丧，唉声叹气，萎靡不振。状态不好，反而带来了更多的挫折。直到仿佛被点醒般的那个深夜，我突然找到了自己最安心的状态和使命，眼前其他的困难和障碍，一下子就变得非常渺小，根本就入不了我的眼。

有时候在迷茫中寻求转行的人来咨询我，我都要查户口般问一圈他的兴趣爱好、童年经历、信息积累。遗憾的是，很多人都是一种平平的状态：看球吧，也没有看到能写球评的地步；看电影吧，也没想真的拉个片；逛街自拍，也仅仅局限于自拍神器美图秀秀，单反都没尝试过。你没有一个热爱至深的爱好，怎么能找到愿意为之终生奋斗的方向呢？打了多年游戏的网瘾少年，现在做了年入千万的游戏主播；沉迷武侠小说和穿越剧的少女，写出了价值几千万的IP；爱自拍爱逛街的小有名气的网红，有了双皇冠的淘宝店。对于你的爱好，你永远只是个消费者，什么时候能变成驾驭者呢？

　　当然主业足够一展拳脚的人，只为了放松一下无可厚非，但你平淡如白开水的人生，如果还想再折腾点浪花出来，就不得不需要找到内心的挚爱。任何一条路都崎岖艰难，如果不是有兴趣和热爱撑着，都活不过三天，或者取得一点小小的成果就止步不前。他们不明白扎克伯格已经那么有钱了，为什么还要工作；他们不明白，为什么会有人毅然从投行辞职，半薪做着不着边际的机器人。还有四线城市的七大姑八大姨教育子女，一线城市啊虽然工资高，但是消费高房价也高，存不下来什么钱，还不如在小城过着工资几千块但逍遥自在的生活。夏虫不可语冰，燕雀安知鸿鹄之志。他们没有体会过什么是热血战栗的激情，他们甘于宿命。没关系，感谢他们把世界让给还没有服输的我们。

　　和一帮程序员在一起吃饭的时候，他们还是在滔滔不绝地聊代码，当时我的脸，如丧考妣。我问他们："你们下班了还聊工作，还有没有生活了？！"有一个格子衫男茫然地看着我说："可是我脑子里想的是写代码这么好玩的事儿，居然还有人愿意付钱让我做。"我看着他微微涨红的脸颊说不出话来，想起了他前段时间拿到专利和奖金时，开心地把奖金全发了红包。

如果仅仅是为了钱，可能马化腾在腾讯能卖一个亿的时候就卖掉它了，马云早就退休了。到了这个份儿上的伟人，早就不是我们市井小民可以理解的情操了。为什么他都那么有钱了还在工作，还要那么忙碌？图的是什么？凡是这么想的，这辈子都不可能成为马化腾和马云。他们之所以伟大，是因为他们确实就是这么伟大。扎克伯格和他的妻子捐出百分之九十九股份的事情，也正印证了他为什么能有这样的格局做出这样优秀的产品。**名利和财富永远都是成功的附属品，而不是目的。**或者说只追求名利的人，是追不到的。这是个悖论，却也十分残酷。

如果你也想找一个潜力股为伴侣，你就去找。**那些拥有初心和理想的年轻人，有能力有行动力，为了目标可以付出任何代价和努力的人，他们身上的那一股子拼劲，足以让他们在这条路上坚持到最后。而坚持，足以甩掉百分之九十九的人了。**越爬向山顶竞争压力越小，真的，很多很有才华天资不错的年轻人，因为得来的初步小成就太容易，所以缺少那么一些韧性，往往半途就放弃了。龟兔赛跑的故事我们从小就耳熟能详，能真正谨记在心随时鞭策自己的又有多少人呢？

我有个同学是国外常春藤学经济的纯金海归，本来在投行拿着人人艳羡的收入,但他觉得这行都是在玩钱的游戏,没有为推动人类文明进程做出贡献,半薪跳槽去做了智能硬件。我一开始非常不理解,他父母也不理解,我们左右开弓想力挽狂澜,直到他看着我手上的某大牌表,得意地嘿嘿一笑说:"这机芯是我们生产的。"那一刻,我终于放弃了愚蠢的指手画脚,我看到了他突然神采奕奕的眼神、掩饰不住的骄傲和自豪的神情。那是我在写字的时候才会有的状态,推己及人,我再也不置喙别人的所爱。

努力也许能带给你及格的成就,而挚爱和激情才能带你走向真正的远方。

眼高手低，
是"90后"最大的宿敌

我从小就是一个有些傲气的女生，虽然表面上都尽量表现得谦卑拘谨，但是内心一直隐隐觉得自己和别人不一样。这份倔强在某些方面给予我初生牛犊不怕虎的勇气，让我可以远走高飞，但是也将我的浮躁和粗心在工作中展现得淋漓尽致。

到了大公司后，有一段时间我过得极度不适应，从一个完全可以独当一面的小项目负责人的角色被打回到螺丝钉的原型，甚至在很长的一段时间内因为部门战略的频繁变动，手足无措，拔剑四顾心茫然，只能找一些琐碎的事情做。

终于确定了项目和方向后，居然接到过将原声未处理的国外专业演讲视频处理成文字稿，做成精华集锦的这类琐事，当我捡起我阔别四年的英语专八听力时，那极强的愤懑让我一次次摘下耳机，长长地叹着气来缓和内心的不甘。

没有速记，没有PPT，短短几秒钟嘈杂环境的演讲我可能要反复听十几遍才能猜出说的是什么，又由于涉及大量专业术语和专有名词，对这个行业完全陌生的我要花费更多倍的精力查阅资料来确保无误。我懊恼的是，心比天高的我来到一个崭新的环境正准备大施拳脚，却做着本该刚毕业的我做的工作。做项目的人，和拳不离手曲不离口的手艺人一样，如果做着大量重复劳动，很快敏锐度就会下降，到时候人就废了，我真的要将青春湮灭在这个大染缸里吗？

Charles 是我一个经常探讨鸡汤熬制技巧的小伙伴，时不时也互喂一下，他对我感慨道，其实到了职业生涯中后期，高手之间过招，拼的都是细节，到了一定层次，大家其实都差不多了，就看谁先犯错。真是一语惊醒梦中人，我问自己，如果我连自己所处行业的国外现状都没有刨根问底地研究过，如果我连自家产品的后台都没有使用过，删除一条广播的按钮都不能清清楚楚地找到，我以后凭什么带团队做项目呢？能想象一个十指不沾阳春水的厨师长照着菜谱对新人指手画脚吗？既然大公司在效率上没有那种你死我活的紧迫感，为什么我不抓紧这个机会静下心来把细节打磨好，基本功练扎实，好好沉淀一下自己呢？

想通了的我重新戴起耳机，练着熟悉的速记符号，查阅着卸载已久的英文辞典，内心生出一种满足感。心态一转变，仿佛听力瞬间变得敏锐起来，当成英语作业来做，笔记越记越快，越写越顺，这在武林绝学里就好像是最经典的嫁衣神功，在武功练到六七成的时候清空重来，会有事半功倍的神效，正所谓"欲用其利，先挫其锋"。不停地把自己归零，抱着谦卑的心态从基础学起，是许多高手共同的优点。

还有一个朋友，从小出落得亭亭玉立，简直是我心目中最优雅的同龄人。在大家还在递纸条的阶段她就用着智能手机上网了，两个小女生躲在被窝里聊得最多的不是班里的八卦，而是商业趋势。她吃穿用永远都是最好的品牌，我一个小土妞就整天围绕在她身边晃荡。可惜的是，高考失利，她去了远方的城市念大专，这些年，我也一直和她保持着联系，还在天南海北地聊着人生，聊着理想。她告诉我她交了男朋友，准备考研，也想去国外做互惠生（去国外家庭中寄宿6—12个月，体验当地生活的一种交换生方式），我十分欣赏她的上进和颇具国际化视野的想法，但聊着聊着我突然想起什么，问她四级过了没？

她愣了一下，支支吾吾着说下半年，学校还有什么修学分就可以专升本的计划，慢慢等学校那边的消息。她问我要了一套套资源，一个不落地都拷贝走了。从那以后，当她再跟我说着她美好计划的时候，我都开始不停地跟复读机似的问：能先过个四级吗？能过个四级吗？能过个四级吗？说到后面觉得自己老给一个励志少女泼冷水真是残忍，况且人家也不是靠英语吃饭的，本专业学得好说不定也行呢。当然，她的专业是果然"亮瞎眼"的工商管理。

在我看来，工商管理、哲学、金融这样的专业本身就是对理念、实践、物质基础要求比较高的学科，更适合一些考试成绩突出，擅长做理论研究的学生。而且这些专业学完后将来就业也非常考究学校背景，即使考研成功也很难洗刷高考失利带来的短板，建议高考选择专业时，先去看看心仪公司的岗位招聘需求，而不是哪个专业听上去"好听"就匆忙决定。既然考上的是大专，那就应该充分认知到自己并不适合在学术这条路上发展，应该更务实地学习掌握技术型学科，在相当一部分基础专业里，技能型的证书和熟练度要求对各种背景的毕业生都是一视同仁的，这是唯一有可能弯道超车的选择。

可惜的是，我们的老师只知道告诉我们校门口保安发奋苦读考研出国的励志故事，让大多数人一根筋地唯读书论，而不去教我们把更多的时间精力放在真正适合自己提高和发展的事业上去。

再后来，她以一种我看不懂的姿势去了一家外贸公司做销售，售卖的东西更冷门，属于三年不开张、开张吃三年的重型器械。就这么拿着1500元底薪干了三年，雄心勃勃地准备着她的考研大计。这个时候我已经再也不想问四级的事情了，如果没过，也考不了了。

在这过程中，她在感情上受了非常惨重的伤，细节我没有问，只是有段时间突然看她晒起了爱马仕的包包异常活跃，不久却毫无踪迹，人间蒸发。等她再出现的时候，已经是带着请柬在我面前，她告诉我，未婚夫很老实，对她极致宠爱，家境很殷实。我惊讶得说不出话来，盯着请柬上那个腹部微凸、秃顶缺牙、笑起来充满猥琐气息的男人几近昏厥。她无限落寞惆怅地对我说，以后只能看着你风风火火地四处翻江倒海了，我就得在家相夫教子啦。

婚后的生活，本以为是继续优雅闲适的小康生活。可万万没想到，以迅雷不及掩耳之势，她做起了微商，我只能崩溃着将她屏蔽。某一天她突然出现在我办公室楼下，喊我下去喝杯咖啡。她还是很美，只是眼神失去了往日的光彩，她抬起手臂，手腕处有惊悚的疤痕。她淡淡地说，婚后男人开始家暴她，还没满三个月已经离婚了。而她也才了解到，即使房子有了她的名字，离婚也分不到半分，因为转账记录是男方父母，她无法证明自己有出资。她说，你给我出点主意吧。

我长叹一口气，无言以对。出主意要对症下药，这症结就要追溯到初中时代了。他们家是典型的享乐主义，不买房，只买车，四处旅游，几乎没有积蓄，女儿在外是光辉潇洒的白富美形象。而她自己，也沉醉在这种所谓的"素质教育""快乐青春期"的教育方针下无忧无虑地成长，对学习没有紧迫感，对金钱没有价值观，多少家庭被这种伪小资的生活方式所误导，只教会其享乐，却教不会真正的上进。高素质的家庭也开放式教育，但人家也许是带孩子暑假去非洲看大羚羊，给爱乐器的孩子配好老师，给爱运动的孩子租用高级场馆……学了人家的皮毛，学不到精髓，只能换来脚不沾地的虚荣和莫名其妙的自尊心。

在该一门心思搞学习的年代，如果不是高知家庭天赋异禀，就先尽最大的可能往最好的学校奔，不要三万块的包包愿意买，三万块的择校费不愿意给。考不上大学没有关系，不论是专升本还是第二学位，过个基础关，实在不愿意，学个烘焙、插花、珠宝鉴定，都是营生的手艺，踏踏实实的，什么商业精英，那都是干出来的，不是谈出来的。再潇洒，家里也得有第一桶金，在有钱人眼里，消费的钱只是小头，更重要的是生钱的工具。你什么真刀真枪的活儿都没干过，现在要从头开始，谈何容易。

有的人天生把自己训练得只会当官，还是那种贪官。我见过学生时代当着学生会主席，毕业进体制内风光无限的小领导，车接车送公款消费惯了，被身边的生意人撺掇着辞职出来单干，依然维持着曾经的派头，很快就坐吃山空了，这还不算，曾经在位时谄媚巴结的人脉，全部失灵，生意做一个黄一个。看到背着两百万房贷已经被掏空的他，最近又把学前班的女儿送去参加什么海外亲子游的项目，本欲给他介绍一个不错业务的我，选择了沉默。生怕一开口，他先高兴地去把办公桌换成红木的了。

我并不提倡大学生出卖廉价劳动力，大学的时候去发传单、洗盘子；也不提倡为了体验疾苦而浪费自己时间精力的穷人思维。然而**我从未见过一个秉持消费主义的人越过越好，他**

们的精神需求极速膨胀，而锤炼自己来成长的速度远远追不上他们的欲望。如果不是发自内心的热爱，仅仅是为了虚荣而过着浮夸的生活，将自己迷幻在空中楼阁里，迟早要狠狠地摔下来，摔得血肉模糊，残肢横飞。

如何摆脱原有阶层

我们的人生会遇到种种价值观的碰撞，会面临一个个人生的岔路口，想听听别人的建议，想看看别处的风景，再正常不过。不过究竟听谁的、信谁的，这么重要的事情，却没人教会我们，因为做得对的人，也寥寥无几。

我是不断跳出原有阶层的典型例子。在同样的一片公租房里，我家是唯一一家下班之余还想着去做点买卖的折腾人家，在信息严重不对称的市场红利期积累了第一桶金，跳出第一个圈层；在体制改革的时候，我爸是第一个跳出单位去承包项目的人，同一个办公室里的人，到了四十多岁还拿着4000多元的阳光工资时，我们家已经奔向小康跳出了第二个圈层；上大学时，大家在循规蹈矩地念书、谈恋爱的时候，我忙着做培训、参加比赛、组织话剧演出，赚够了自己后半段学生生涯的生活费，培养出了社会人的商业意识和能力，跳出第三个圈层。毕业后同学们纷纷回到家乡做英语老师嫁人生子的时候，我又毅然跳去了北京，进入互联网行业，而在大家还继续做着日复一日的项目时，我出了书，做了咨询，努力积攒着行业资源圈了一块自留地，跳出第四个圈层。

我的生活在同龄人中不算出彩，有的是比我优秀的人，但是我知道自己是从怎样的泥泞中挣扎出来，我知道自己手里的牌多烂，资质多平庸，我已经在同一批人中，做出了性价比最高的选择，在我能力范围内，尽力达到最好的结果。

所以我斗胆告诉你，相信我，你不用抛硬币，也能知道该怎么选择适合你的人生建议。

第一条准则，当你有两条路可以选择的时候，尽量选择难走的那条路，好走的都是下坡路。 我在《没有门槛的事，不如不做》一篇里也谈到类似选择的理由，越是做的人少，难度越大，你执行起来甩掉的竞争者就越多，人生就越容易先苦后甜。当然如果是纯粹去受苦的路没有必要，比如硬是送孩子去当兵，或者逼迫不爱跳舞的孩子受尽苦难，苦难本身并不是财富。我是说在两条前路都光明的情况下，选择稀缺性更大一些，入手更难一些的。

第二条准则，不要听一个涉世未深的情感大 V 给你的婚恋建议，也不要听一个体制内的人给你的职业规划。哪怕这个人说的道理再逻辑自洽，你也要想想他自己是否有完满的成功经验敢这么信誓旦旦。比如婚姻不幸福的妈妈告诉你男人都不是好东西时，亲爱的，睁大眼睛看看外面的世界好吗？如果你的七大姑八大姨说不清楚互联网的发展趋势，当代社会最赚钱的公司是哪几个，那么你怎么能安心听从她们的建议对外面的世界充满不屑和恐惧呢？送你一句海子的短诗："你来人间一趟，你要看看太阳。"

第三条准则，没有一步到位的事情，尽量选择越走越宽的路。如果你是无科班背景差别的新人，在医药类 APP 和社交软件中，选择后者；在运营和商务之间，偏向选择商务；在销售和运营之间，又倾向于选择运营。对于垂直细分、精耕细作的事情，如果你在念书期间做不到出类拔萃，没有一路拔尖念到博士，那么就承认自己的天赋不在专精上，放弃这个领域去做跨维度的复合型人才吧。如何跨得巧妙，充分发挥自己的优势异军突起，才是你的成功课题。

第四条准则，舍不得孩子套不着狼，大胆地借力打力。你还年轻，不是收割的时候，所以赚到的钱要舍得花，舍得投资自己，多打几次车，安心地在车上处理工作和阅读；该问父母开口的时候不要负担那莫名其妙的自尊。只要你不是拿来挥霍的，那都是在合理配置家庭资产。我老公毕业时在深圳租的房子，卖价两万一平方米，不愿意问家里开口咬咬牙付个首付，现在准备买的时候，同一个地段已经六万了。绕了大半圈，压力不还是在全家人头上吗？哦不，这混蛋现在找到我接盘了，大意了。

第五条准则，拿起过，才配谈放下了。 号称不想过得很功利的人，所谓的闲云野鹤逍遥自在多半都是在粉饰自己的无能和懒惰。越是优秀的人越勤奋，因为他们从这个世界获取的正反馈实在是太多了，多到会越来越贪心。不论是金钱、爱戴、名声还是成就感，这种正反馈正如你对美食、对虚荣心、对享受的追求一样永无止境。

如果你没有尝试过努力，请不要轻言放弃。随着互联网的发展，人类物质水平的显著提高，虽然我们大多数日用品消耗品，在乡村田野也可以享用到，随便去一个县城，豪车遍地，洋房如雨后春笋般涌现，说起来他们过得多么逍遥自在。可是你确定你不喜欢陆家嘴拼搏奋斗的金领生活吗？你确定你不着迷中关村的极客氛围吗？你了解798和后海的民间艺术家的浪漫与情操吗？你出来玩几年，再回家当你的土豪，也可以拍着胸脯和我叫嚣，而不会让人笑话吃不到葡萄说葡萄酸。

哪一个血气方刚的少年，不曾做过那改变世界的英雄梦啊。田园风光，那是老头子们的天堂，诗酒琴茶，没有阅历也只是装模作样。

第六条准则，如果选择的时候只看钱，是非常危险的。薪水和报酬固然重要，老板和你谈 offer 时你自然不用被动地接受压榨，和合作伙伴谈生意时也不必扭扭捏捏。但是你自己心里一定要有一杆秤，在你主动权衡的时候，钱一定不能是第一位，它会把你带入沟里。任何超出平均水平的溢价，必然会要你付出更多倍的代价，这代价可能是尊严，可能是时间，可能是未来。我曾经在坦然告知面试官我有其他 offer 时，面试官笑笑示意我价钱可以提，我也笑笑说不多要，一样的价格，他们给我更多的空间就好。所以我才能够游刃有余地完成自己觉得合理的业绩，而不需要背负过多的压力和期望，把自己折腾得疲惫不堪，失去充电的机会和心力。在整个行业最浮躁的那段时间，每个月团队里的人都会收到 1.5 倍甚至 2 倍工资的 offer，有些人抵挡不住诱惑就开始不停地靠跳槽抬身价，去的公司越来越小，越来越不像样，到最后这些人就消失在茫茫人海了，回头看看，他们已经失去了行业认可。

知道什么不能要，比知道自己要什么，还要难，难得多。

小时候对门的邻居条件相当好，男主人是当地最大饭店的冷盘厨师，收入比一般人的工薪高多了。门口来了一家做大排档的，从此女主人就天天点餐，吃完等他们来收盘子，这模式比外卖领先十几年。邻居家的女儿比我还小几岁，那时候每周都被带去吃肯德基，儿童套餐的礼物她几乎集满了——肯德基书包、肯德基水杯，我羡慕得眼珠子都快掉出来了。爸妈挨不住我的哭闹，带我去吃了唯一的一顿，一边吃一边对我说："爸妈回家给你买鸡翅做，比这干净实惠多了好吗？"

我因此觉得自己很命苦，一顿肯德基都不能多吃。过了些年，邻居家的那个小女孩已经快有我两个重了，因为垃圾食品吃太多，没有节制。而他们家在拆迁时因为拿不出积蓄补贴，只能拿到最偏远地段的小套房子。男主人则因其冷盘手艺渐渐脱离了时代的需求而下岗，做生意又几乎没有商业逻辑和金钱意识，导致一直亏损。再过几年我爸妈在路上和他们相逢，闲聊几句才知道为了孩子上学，他们把唯一的一套房子卖了，现在全家租房子住，如今自然买不回来了。再后来的故事我就不知道了，我只知道看到现在迫不得已才去吃的肯德基，自己都觉得心里硌硬。

我们不像那些含着金汤匙出生的人，手里的筹码就那么多，不撑掇着计算着，很容易就被时代的浪潮卷走再也爬不起来。我们每一步都走得胆战心惊，亦步亦趋。我们不想输，我们太想赢，想赢过既定的命运，想赢过同一起跑线的人，想赢过自己的极限。

愿国泰民安，风调雨顺，而一旦遭遇变故和不测，时局动荡，我一定是最不慌乱的那一个。**我每一步的脚印，都是我安心的底气。**

捧好你人生的
第一份饭碗

和朋友聊到高考选学校的话题时，我们都说起，当年最大的一个坑就是听老师的先选好专业，再选学校，城市不重要，只要是985或211，在哪里都一样，哪怕在什么穷乡僻壤都没关系。读书嘛，安静点更好，两耳不闻窗外事，一心只读圣贤书。

我念的是英语专业，到了大四下学期，别人都在刷校招实习的时候我们还要吭哧吭哧地考专八，如果不走教育口和翻译口，几乎就等于没有专业。我已经算社会活动比较积极的了，参加"希望之星"英语风采大赛进入省赛，还做做培训班招生，做志愿商务翻译。可回南京去人才市场的时候傻了眼、歇了菜，别人挑剩下的破烂职位还捡不上热乎的。纠结半天只能去学校里工作两年，最后跳出来转了行。每每想到远离一线核心地带的这六年，我就捶胸顿足。如果可以，我一定尽早去北京，哪怕打杂，做助理，做编辑，做实习生，两三千的薪水我倒贴房租都没关系。

城市第一，学校第二，专业第三。同理可得，大四的你，研三的你，海龟的你，在选择工作的时候，坐标第一，公司平台第二，岗位第三。就薪水而言，应届生都差不多，差个几百千把的，能干点啥？三年后你的核心竞争力才拉得开差距。

为什么这么选择？因为换城市的成本实在太高了，高到会严重阻碍你的快速发展。就拿上海来说，海归和研究生毕业后的第一份工作如果选择上海，很快就能拿到户口。而如果你在其他几个城市来回折腾，最终才决定在上海定居，得，你慢慢积分排队等七年吧，七年后怎么个情况还不好说。有的人十几年了才拿到，这么大一块心病，原本完全可以避免。

在哪个城市发展、生活、工作，也很大概率决定了你会遇见什么样的合作伙伴、朋友和伴侣。伴侣要长期在当地定居的可能性，也远远大于陪你一起换去同一个城市的决心。如果工作恋爱两三年的你，在另一个城市有了一个极佳的发展机会，你走还是不走？雾霾让你的呼吸系统在高危下战战兢兢，但是你正处于事业的极佳发展阶段，你走还是留？两三年租房所错过的安家置业带来的房价涨幅的红利，够你奋斗多少年？你积累的人脉资源、投资机会，能不能跟随你换城市而不受折损？你需要用一晚上的时间，彻彻底底理清楚，你在哪个城市定居的可能性最大。利弊得失，一目了然。我们可以允许自己两三年后承担并纠正自己选择错误的后果，但是你怎么能甘心糊里糊涂地打掉手里为数不多的那几张大牌。

城市的选择，一定要优先于公司的选择。深圳有腾讯，杭州有阿里，北京有各大互联网公司大本营，上海有金融，成都有游戏，广州有微信，厦门有美图，南京有华为，苏州有同程。大部分一二线城市都有大企业，具体企业的好坏我们先不探讨，反正天下乌鸦一般黑，资本家都不是等着给你占便宜的。但是你如果有才又努力，一定可以进入到坐标城市最好的企业公司里。一流企业里，总有最厉害的部门，那百分之十的顶尖位置，所获得的回报大多不菲。

而在不同公司间选择 offer 的时候，你要明白，很多人工作半年以后，或主动，或被动地，会偏移 offer 里提供的具体岗位职责。随着公司的发展和战略的调整，以及运行节奏的改变，一定会需要调拨人马完成新项目，也大多会从熟悉公司业务的老员工里挑选核心骨干。这个时候，机会更多地属于公司内部的人，而不是还在门外排队的求职者。所以 offer 上写的工作，真的没有我们想象的那么不可更改。也许你进去的时候是个程序员，两年后俨然变成了这家公司的产品经理。例子太多，在此不表。

而更好的公司，代表着更广阔的平台和更雄厚的资源支持，你转身的余地也更大。当然，如果你是一条路走到黑的性格，就要先选择好公司，熬到中高层或者资深的时候，好公司背后的福利体系所带来的隐形财产，是创业公司望尘莫及的。

最后要选择的，才是岗位。先选你能做的，先活下来，你还太弱小，你没有话语权。再说基层岗位，都没有太大的区别，无非都是换取你的时间和体力，真正可以塑造你职场地位的东西，往往在你的八小时以外。

除非，你是《阴阳师》这样逆天产品的主策划师，可以水涨船高，光环是工作本身带给你的。然而，听说主策划和产品经理在公测前一个月跑路了……这才是真正错过一个亿"男默女泪"的故事啊。

快毕业的时候，请背上行囊，去几个备选的城市都转一圈。资讯再发达，都比不上亲身体验一番。可能你会因为一个城市地铁乘务员的笑容而留下，可能你会因为一碗小馄饨留下，可能你会因为那里的空气、蓝天和年轻又有朝气的氛围而沉醉。你和一个城市有没有眼缘，没有人能替你决定。如果把我们的人生看作是一个产品，工作只是其中的一个功能而已，而功能的强大还要依托于 UI、行业、种子用户群、运营人员的能力资源等等。所谓天时、地利、人和，都要设计进你的人生规划里。

考虑一个城市的时候，你还要考虑离家远近，亲朋好友学长人脉有否，户口和房价，当然这些不是最重要的事情，仅仅是一个维度参考。朋友可以新交，房子可以迟点买，飞机可以回家。相比生活的平安喜乐、事业顺心，这些问题都会迎刃而解。如果三四线城市的家乡，可以给你足够的安全感和幸福的生活，盲目北漂自虐也是不值当的。不唯上，不唯书，只唯实。

拿到职场新人票的时候，你要做的事情就是去好好体验这个世界和象牙塔里截然不同的运行规则。带着脑子和心眼儿干活，收获除了工资以外的资源。第一份工作尽量坚持一年以上，如果没有原则性问题的话，再委屈，再辛苦，也得忍着，你还没有说"no"的筹码，哭着说的不算。

尽管连续的职业经历会像滚雪球一样不断给你带来更大的回报，一旦发现选错了也不要怕，及时止损。毕业的头三年不要攒钱，不要怕试错，不要畏首畏尾，年轻就会给你重来的机会。如果我们要活八十年，20多岁的你，人生才走了四分之一，你重走四遍都来得及。如果命里注定要成功，让别人几步又如何？

我周围有很多在国外读到博士的同学，到了这个阶段才发现不热爱自己的专业，抑郁孤独到手足无措。半途辍学回国做一份和其他本科生无异的普通工作，说起来都是在早期做选择的时候，根本不了解自己，不了解社会，不了解专业，被好学校好专业的光环蒙蔽了大脑，蹉跎了岁月，糟蹋了命运。有一个做机械行业的人想转互联网的时候问我，阿里汽车能要她吗？我问她，喜欢汽车吗？她摇摇头，说自己就是现有的资本转这个稍微容易点。我突然想到很多本科不喜欢本专业的朋友，就因为不用跨专业考研会简单点，为了保险起见，依然没有选择换专业。一晃几年过去了，他们就这样深陷不爱的事业坑里，很难再爬出来了。

有些事情，越到后面，变换的成本越大。我们需要有前瞻的眼光，也需要有生猛的决策力。更重要的，是要训练出自己判断和选择的能力。去什么样的公司工作，该怎么去判断哪条路更适合自己,都是我们需要不断训练的硬技能。我们可以在细节上征求别人意见,例如哪家公司在行业里更有影响力啊,这个业务的发展模式你们看好不看好啊……但是你很难让别人告诉你,你要去哪里,你要做什么,你能不能飞黄腾达……

此刻踏出校园的你,试着做出真正决定自己人生的选择吧。毕竟能为你负责的,从来都只有你自己而已。

"90后"的分水岭

当 2014 年媒体爆炒"90 后"CEO 的时候，我们开始还觉得新鲜，麻木后又觉得遥远，毕竟个例没什么参考价值。而过了两年，"90 后"们纷纷拥有了三年左右的工作经验，差距开始逐渐拉大，苗头已经若隐若现，一转眼，就已经沧海桑田。单身的面临着逼婚的压力，已婚的面临着房价和生育的两难选择，稳定工作的困惑于薪水天花板，出去闯荡的疲于应对层出不穷的变化与危机……无忧无虑的青葱岁月逝去，我们真正成年了。

朋友 Z 介绍了一个熟人 B 来我们公司面试，我推荐给相关部门的 HR，结束后我们出来吃饭聚一聚。B 有些尴尬地说，面试砸了，没做什么准备，所以基本一问三不知，当下就知道被拒绝了。我们安慰了几句，分析原因给了几句建议，就开始喝酒谈天。席间朋友 Z 开始谈起他的事业，他从原来的工作单位辞职后，全身心投入到创作中，收入是前同事们的五到十倍。

因为手握优质 IP，许多圈内朋友开始谋划打包资源，借壳上市，运气好的话可能两三年后就是千万身家的主了。聊得兴致勃勃的我们完全忘记，坐在旁边的 B 刚刚经历了一场失败的面试，下个月的房租都不知道在哪里，空有几年工作经验，没有代表性项目和核心竞争力，起薪高，价值低。用人单位对他这种情况越来越挑剔，宁愿选择一张白纸好调教的实习生，还便宜。那一顿鸳鸯锅，将两边的气氛划分得清清楚楚，泾渭分明。

不过三五年，已然沧海与桑田。念书时就中规中矩的人，不论成绩好坏，在固定的岗位上做着重复而琐碎的工作，相夫教子，成为芸芸众生的一员。他们中有一些人，也心怀抱负尝试下海或者北漂，然而只会用蛮力，不会用巧力，就像 B 那样在温饱线上挣扎。他们构筑了这个社会最坚实和庞大的基础，在人海茫茫中，有着最简单的苦恼和心愿。他们最大的共性就是把这一切归于宿命、星座、大环境，认命、惜命。

另外一些脑子活络的，在挣脱全日制教育后，开始因自己的特长和兴趣爱好等加分项大放异彩。他们有广阔的兴趣爱好和无限旺盛的精力，所以通过各种各样的途径会认识更宽广的世界。部分人擅长中西融合，创造这个社会最新潮的高新技术，几页PPT就可以拿到千万风投，几个同学就能搭出个精英草台班子，演讲、文案、美工、编程……人人都是多面手，一个顶五个，台前风光无限，光鲜亮丽。部分人野蛮生长，靠实操杀出一条野路——有人做代购都能做得风生水起，月入十万；有人淘宝店做到双皇冠，年流水轻松破亿；有人打游戏成为职业竞技选手，年薪三千万做知名主播。在BAT三国鼎立、大小创业平台凭借眼力和运气大打割据战时，迅速学习最新的平台政策获取红利，最先吃透游戏规则并付诸行动的人，大多拥有了自己的一片小天地。而此时，可能他们的同学还在象牙塔里念着硕博，或在家乡的编制考试和相亲饭局中失去了锐气。

老人说三岁看八十，有些偏颇，时代有了新的表达方式，跨越圈层的途径频繁出现在我们面前。而毕业后的三年到五年，起码可以看到这个人职场生涯的头十年。十年以后，又是一次洗牌。头三年里，有的人跟跟跄跄努力争着优秀员工的头衔和最高绩效，在池塘里打斗得头破血流；有的人争分夺秒地充电培训，将副业做得风生水起，带着平台的技能和资源配置自己事业的小雏形；而有的人终于解放了自我，开始沉迷在旅行、电影和购物中，安心做一个精致的消费者。

是的，**分水岭就在于一个人是立志于成为生产者，还是乐于做一个消费者。**被动地接受音乐、影视、高科技服务、微整形手术、游戏，还是望着新兴行业暗自窃喜，对着镜子里的自己说："彼可取而代之。"

一个人一旦有着生产者的心态，走进同一个写字楼和工位所看到的画面会截然不同。当你从地铁浑浑噩噩地走向公司的时候，他想的是我可以解决"最后三公里"，于是有了摩拜单车；当你困扰于频繁换工作和住址，无法定期去健身房时，他想的是将囚徒健身普及大众，用强运营的方式帮助你在家运动，于是有了"自律给你自由"的 Keep；当你接触到灰色地带的工作，唯恐避之不及，想着今天要早点下班的时候，另外的同事恨不得全部揽过来做，借机丰富自己的项目经验，积累客户资源，转嫁试错成本，随时可以带着客户自立门户。所以要摸透上下游，开例会时你在知其然，他在知其所以然，当人事出现变故时他能随时站在主讲台带领队伍。

你很困惑，不明白为什么这些人会这么有闯劲，这么会钻营。悲伤的是，他们可能童年不幸福，可能家庭破裂，所以他们从小就没有安全感，他们惴惴不安、杞人忧天，他们像要准备过冬的松鼠一样拼命地囤积着机遇和人脉、知识和金钱，他们在做策划的时候永远会准备三套方案确保万无一失，他们将所有用过的资料分门别类地存储好，随时可以调取。越是小时候有原生家庭阴影的人，越会察言观色，越会患得患失，也越容易有旺盛的生命力。

小D其貌不扬，甚至土土的，家里欠了十几万的债，压在她一个人身上。为了赚钱，手上那点工资完全不够，于是她开始找突破口，自己研究出一套游戏规则，硬着头皮一家一家地拜访客户，努力说服别人尝试她的服务，就这样开源了，成为一块金字招牌。后来跟风模仿者无数，她也不争不急，人缘极好，大家可怜她又信任她，业务都转手给她。做出口碑之后终于狠下心出来单干，短短两年，还清家里的欠债后居然买下一套郊外的房产，还在甲方客户中找到了男朋友，已经谈婚论嫁，随着经济条件的改善她也开始微整和打扮，如今已经完全变了一个人。她是我见过的手里一副烂牌打出里程碑水平的榜样，即使被接二连三骗过几十万，也挺过来了。除了前行，她别无选择。

相对来说，家庭条件较好的人，大多心思单纯，天真而直接，相信努力就会有结果,但是却往往看不到机遇,努力不到点上。

凡是阳光下的事物,都不存在太多的利润空间,这和信息不对称形成的暴利隔着天然壁垒。幸好这个世界是五彩缤纷的,每一个物种都构成了生态链中的一环。存在即意义,不必强迫自己向谁看齐。这个世界并不是只有老师、医生、律师、建筑师、演员等等大家都能理解的职业,假如你迷茫又焦虑,不知道日复一日地生活是为了什么,也许你可以尝试那些你可能无法向长辈描述和解释的岗位。**你需要走出你的小世界,看看世界有多大、多么复杂,有多少能点燃你生命激情的小火花,而不是只按照固有思维,按照既定的路线,别扭而窝囊地度过碌碌无为又遗憾的一生。**

最怕的是有很多人对自己的认知定位不清,又羡慕嫉妒别人的生活,对同龄人的成绩只会酸酸地用"他运气好"来掩饰自己的无力,做着重复琐碎的工作,对风险充满畏惧,却又整天幻想发家致富,眼高手低,痴心妄想。功夫在诗外,不要说加班多,不要说家里琐事多,不要说交通拥挤占用了你大量时间。借口有的是,每一种其实都有解决方案。不要最后既没有功成名就,也没有潇洒自在地享受生活,成为一个行尸走肉一

般的人。

如果你实在无法认清自己、认清世界，就多去窥探他人的生活模式。读万卷书，行万里路，阅万般人，从中找到最适合你的行为模式，去研究，去琢磨，去模仿，慢慢地你就会拥有雕琢你自己人生的力量。

当你做一个正确的
人生选择

我人生中很多重要的选择都是自己做出的。做选择就像开车、弹琴、写作一样，是一项需要长期训练的技能。回首过往人生的几个重要节点，有惊无险，算是在当下的情况和条件里做出的性价比最高的选择了。

中考的时候，我的成绩本可以勉强交个赞助费上一所一流的高中，我和家人商量半天，决定以第四名的分数，选择了一所离家近的普通重点高中的实验班。最好的班级配来的师资力量也非常令人惊喜，大多是二十多年前因为政治风波分配来的不得志的高材生，卧虎藏龙，不起眼的学校，让我捡了漏。

而有个成绩和我一样的邻居，去了那个我本来准备交赞助费可以念的高中，据说交费班高考全军覆没，纷纷去了国外找了个野鸡大学混日子。他们大多后来活得也不错，有一批富二代同学互相撺掇些生意做做。可惜我志不在此，所以想了想，只觉得暗自庆幸。

"宁做鸡头，不做凤尾"，是我做选择的第一信条。

上了大学，我就像挣脱牢笼的鸟，兴奋地探究着这个小社会里的游戏规则。琳琅满目的社团宣讲，班级干部和学生会的竞选，辩论赛和各种话剧比赛应有尽有。这时候就面临着一个经典的老生常谈的话题——学习和兼职以及社团活动如何取舍？

我学的是英语专业，按照常规道路发展，未来的选择大体是：外企，翻译，老师，或者学个第二专业做复合型人才。我想了想，对于英语我虽然喜欢，但是还没到热爱的地步，这一生如果以钻研英语为奋斗目标，应该是不符合我的性格和能力的。所以对我来说，我需要的仅仅是过一些基础的必备的英语考试，如四六级、专业四八级、雅思、托福之类。所以，同样是泡在图书馆的时光，别人看的是课本及相关的各种大辞典，努力冲刺奖学金，我看的更多的还是演讲技巧、写作技巧、通识教育等更宽泛的书本。我知道自己不是学霸，那就去赚取差异化优势吧。于是我一边考口译，一边做培训班的校园代理，那是我第一次懵懵懂懂地接触到什么是市场营销。班级宣讲会，拉横幅，贴海报，鼓励用户带用户的机制等，都被我琢磨到极致。那一段经历的效果很好，不仅让我拥有了第一桶金去浪迹天涯，出去见了更大的世界，也让我意识到自己在这方面是擅长的，并且未出校门就攒到了培训机构诚意满满的 offer，得到一些知名优秀老师的认可，并与他们建立联系。

"认清现实和自我，不盲目自信，选择适合自己的道路，取得差异化优势"，是我的第二信条。

现在已经毕业四五年了，班里拿着奖学金的学霸们，回到自己的家乡做着初高中英语老师，偶尔到外地进修。而我在北京、上海漂泊着，虽然很辛苦，但是当我看着他们在朋友圈一遍遍帮孩子拉投票的时候，问自己愿意跟他们交换这种生活吗？答案让我再一次暗自庆幸。不是他们的生活不好，而是我不想要。

知乎上有个女孩子问，自己有个感情很好的男朋友在县城里做公务员，而她自己想去大城市闯荡闯荡，纠结于该如何在理智和感情中做出选择，这又是一个最常见的人生道路选择的问题。我不敢给她直接下判断，因为我不认识她，并不知道全部的情况，我现在也很少要求别人帮我分析和选择判断，我更愿意去找那些生活的智者，问他们的故事和选择的理由，管中窥豹，举一反三。

我有个亲戚，从小非常愚笨，家里条件不好，学习也不好，所有人都担心他将来没有饭碗。但是这个亲戚性格很好，傻呵呵的，每天都很快乐。没想到傻人有傻福，在那个可以顶替父母公职的年代，意外地超水平发挥，进了体制，吃了俸禄。从此风调雨顺，一生都没踏出他所在的那个辖区。食堂有超便宜的饭菜，比自己做饭还划算，家属院里都是老同事，所以对外面的世界毫不向往。每天看看球下下棋，日子过得逍遥自在。

这个亲戚一直有些秃顶，我老嘲笑他，调皮时摸他的头。他就很不爽地拿出年轻时的照片给我看，嚯，一头浓密的板寸，完全看不出来即将荒芜的迹象。我惊讶地问他怎么变成如今的地中海模样。他狠狠抽了口烟，给我说了年轻时的事。

年轻的时候有一个姑娘和他谈恋爱，两人感情如胶似漆的时候，遭到家里的极力反对，因为姑娘家庭不是很好，父母离异，工作也不稳定。姑娘考不到这个亲戚所在的体制内，只能就近想办法给她开个小卖部之类的，姑娘不乐意，觉得这样的人生太无聊了，决定出去发展。而我的这个亲戚，好不容易撞大运才拿到的饭碗，肯定是丢不掉的。于是两人就分手了，失恋的他开始抽烟，愁得头发大把大把地掉，然后就成了这样。

　　后来亲戚相亲娶了个老实本分的姑娘，这姑娘是真贤惠啊！家里收拾得井井有条，日子过得风风火火，还生了个大胖小子，公务员福利多，慢慢又贷款买了房，炒炒股，经济条件相当不错。而那个分手了的姑娘，本来在外企起早贪黑赚了些钱，但是经济危机的时候，下了岗，夫妻感情也不好，至今没有孩子，没有房子，一直过得非常艰难，每天早上要去菜场买不按斤两算、随手抓一把的那种菜。之所以会知道这些，是因为这姑娘看病的时候遇到同样去看病的外婆，当我外婆转述给亲戚的时候，他又抽了一夜的烟，彻夜地失眠。

　　你说，这个姑娘是不是作？要是留了下来，现在享受清闲的不就是她了吗？大家心里都在暗暗地这么想。然而我不这么认为。我那亲戚的生活意义，好像就是活着而已。他们生了孩子以后所有的重心都在孩子身上，而孩子也遗传了父亲的基因，从小学习就吊车尾，家里为这事忙得焦头烂额，所以从不关心外面的世界，不出去逛街、旅游，没有什么爱好，社交圈里只有同事。你说这样的生活搁在一个心气儿野的姑娘身上，就是好的选择了吗？谁的生活过得好，这是非常主观的事情，我们永远也不可能知道生活的全部真相，所以这辈子永远也没个答案。

如果这个分手的姑娘运气好，加薪快，可能所有人的眼光又会不太一样。如果像公务员改制一类的事情发生，我那没什么本事的亲戚没了铁饭碗的话，他的生活会怎样，又不敢想。

同样的一副牌，不同的人打，能打出完全不同的结局。

"少输当赢"，是我做选择的第三信条。

我的闺密也曾经放弃了门当户对、家风很好的县城公务员男朋友，只身一人去广东打拼，在那里遇到了她现在的老公，两人志趣相投，一见钟情，现在夫妻俩合伙开的工厂生意很好，眼见着又要再扩大规模了。我每次见她的时候她都风尘仆仆，我打趣地问她，怎么就敢舍下那么确定的可预期的幸福，不在家当少奶奶，自己出来当老板娘呢？她回答我说，因为她看明白了感情这回事，其实并不是非那个人不可，她只需要再找到一个这个类型的人就好了。而她自己如果是一个值得爱的女人，也不会只有那一个选择。她知道自己不是在感情上死心眼儿的人，所以这个是可放弃和调换的选项。而对于小县城的无聊生活才是她不可忍受的选项，相比而言，当然出来的赢面大一点。要是想学她，首先要有她这魄力，而基本上有这个狠劲的人，也才能在一线城市立足。

还有最常见的就是在选择 offer 的时候，在很明确的条件下，除了从年薪角度、工作内容角度、直属领导的性格角度去看以外，其他凡是啰啰嗦嗦纠结很久的人，我统一回复都是：选难走的那条路，难走的都是上坡路。

"Always stay out of your comfort zone"，是我做选择的第四信条。

在我来到北京的第二个月，我就面临着一个纠结的职业选择问题，两个都能薪水翻倍的 offer，一个是某上市公司的公关部，一个是融资市场上的香饽饽招聘网站的市场部，我给自己画了一个表格：

参考项	上市公司	招聘网站
薪水	√	√
期权/股票	×	√
离家近	×	√
直属领导在公司举足轻重	×	√
全额五险一金	√	×
成长性	×	√
空间大，做事自由度高	×	√
不加班	×	×
做出突出业绩的可能性	×	√
名企光环	?	?

凡是我格外看重的部分都做了色块标记，在这个时候答案就显而易见了。其他的感情因素全部可以搁置到一边，起码当三个月的新鲜感和热情退却之后，当职场和当初自己设想的有落差时，拿出这个表看看，就不至于失望愤怒到掀桌离场。

即使在互联网泡沫爆发最严重的那一年，每个月都有双倍薪水的橄榄枝递来的时候，我都不会被一时的诱惑冲昏头脑，而是安安稳稳、扎扎实实地熬出自己满意和认可的成绩。而同一时期很多频繁跳槽的同事，到最后都没了声音，不是月薪三万跳去的公司倒闭破产了，就是领导是外行瞎指挥，完全没法做事，半年后就失去市场竞争力，成了一个极其危险的职场高负担花瓶。

不要凭感觉，感觉往往是会变的，做选择要用科学的 SWOT 分析法：即优势、劣势、机会、威胁四个模块，做严格的打分制。

这样不能保证你的选择一定是正确的，但是当你不断实践、复盘、分析、优化自己的选择参考项和模型之后，你会越来越接近自己适用的那个方法论。

所以像训练你的任何一项其他技能一样，去训练你的选择能力，这是至关重要的。

转行
真的穷三年吗?

先说我自己吧,我不是名校毕业,背景一般,能力一般,在学霸如林的教师队伍中十分不起眼。但是凭借我不按常理出牌的教学风格,很受学生喜爱,很多小孩追着要我补课。考虑到教育局的规定,我不能给自己的学生补课,于是我跨学科跨年级去外面补习,每周上班七天,每晚到八九点,刷知乎都是下课时间见缝插针休息的时候。

两年过去了,我离职前平均大约税前一万,寒暑假可以到一万五、两万的样子,由于本地无租房压力,基本都是净收入。我粗略算过,如果继续做三五年,积累口碑、生源、教育机构的人脉、家长的认可,把自己打造成某一学科的名师,甚至如果开培训机构了,一年几十万也是正常的。按道理说,女孩子做教师,清闲、好听、好嫁人、好照顾家庭,一辈子就这样也是衣食无忧的。

然而我对这个行业本来就没有热情，做的事情并没有从内心认同。表现出的工作能力还可以，无非是有点责任心，吃人嘴短，拿人手软。

我可以做老师，我喜欢小孩子，但是我总觉得憋着一口气，不甘心一直如此。我的能量还没释放出来，羡慕互联网行业紧张的生活节奏，羡慕一线城市的多元化魅力，那和我本身的价值观更符合，更贴切。

同样的，舆论排山倒海地扑面而来。除了"转行穷三年"以外，更致命的是：北京遍地高手，你以何德何能立足？

大多不敢转行的人，是死在了这句话上。你没有经验，没有人脉，没有技术，转行了就是一张白纸，和刚毕业的大学生没有区别，还可能会有更高的用人成本，你想去的那个行业凭什么要你？你自己是否能承受这个落差？

所以我不敢一概而论地说转行一定穷三年，每个行业千差万别，每个人的情况也有所差别，若你把一句顺口的段子作为圣旨而表现得畏畏缩缩，活该一辈子没出息。

去试试呀！

我跳来北京的时候，试用期薪水还要打八折，收入确实会大幅度缩水。然而，这是一周五天，晚上不用跑出去补课，如果单算时薪的话，和原先付出的劳动力相比，是大致相当的。并且，在这个飞速发展的行业，一旦你摸准点，切进去，只需要两三年的经验，如果运气再好点，混到好的创业公司的期权和股票，那收入简直是会火箭般地增长。穷三年？三个月都不一定需要。

我也曾经纠结过，对于前途和未来，每个人都是未知的迷茫。有时候一失足难转百年身，确实会这样，也会有这么夸张。我有个叔叔，好好的事业单位二把手跳槽出来转行，本来积累好的人脉瞬间失灵，如今到处给人打工，高不成低不就，事业单位也回不去了，眼看着平步青云的职场被他玩儿孬了。别说穷三年，我估计十三年、三十年都是有可能的。这是基于他个人能力和现状，以及当地行业分析出来的，不要说我消极。那么，究竟该不该转行，人生的道路究竟该怎么选？

我的答案是：多线程操作，小马过河，不要鲁莽，粗中有细，勇中有稳。

想半路留学的，请先一边工作一边考雅思、托福，看看自己到底几斤几两，能申请到什么样的学校，然后去该校论坛上多和前辈聊聊，问问实际的就业状况。

想半路换行业的，请先做好足够的市场调查，了解你自身的优势价值是否和行业匹配吻合。再不行，上各种招聘网站看看职业需求的热度和整体的薪资水平。

如果你觉得三五年后的薪资水平都不能令你满意的话，就不要转行了。同样的，你觉得职业需求的水平你达不到的话，也就算了。比如我还想做同声传译呢，但是我打死不会转行去做那个，没那个金刚钻就别揽瓷器活。

另外，从该行业的整体薪资水平和岗位提供的数量，你也可以看出经济发展的真实趋势。凡是高速发展的行业、企业，都是在大幅度招人的，人才需求还没有饱和，你才可以赶紧顺风进入。如果只是零星的两三个岗位还是算了，万一做得不开心，跳槽都没地方去。不要怕人才都一窝蜂扎进去。相信我，人和人的差别没那么巨大，只要机会足够多，会钻，瞎猫总会抓到死耗子。

至于什么奔三了还追求梦想之类的这种屁话，你先去看看说这话的人自己什么水平，他的眼界、能力是否足够丰富到可以指导你。入行也是这样，**跟对人比做对事有时候影响更大。**

Chapter Three

努力让自己更值钱

我一直很不解,为什么有些人明明知道这样下去很糟糕还不奋起改变呢?随着时间的推移,我慢慢发现,穷和懒是不分家的——懒得去搜集信息,懒得学习,懒得改变,导致在泥潭里越陷越深,像鸵鸟一样把自己埋在舒适的翅膀中,不愿意逃离舒适区,只能承担时代的洪流将他们一步步卷走的后果。

描述你的人物弧光

编剧们在写一个剧本的时候，会需要通过很多生活中的小事，来折射出一个人的成长，他们称之为人物弧光。

这些细节可能平凡到微不足道，不会是你拿到录取通知书的那天，也不会是你的结婚典礼，更不会是你人生中极富仪式感的瞬间。也许是你在路边掩面哭泣，一个动了恻隐之心的陌生人递过来的一张纸巾；也许是一通电话，一句"你懂什么"让你下定决心割舍掉一段刻骨铭心但是纠结痛苦的恋情；可能是你偶尔看到的一篇文章，泪流满面后，终于决定放下所有的桎梏远走他乡，为自己的人生奋斗一次。这些微不足道的事情彻底改变了你，决定了人生轨迹的突然转向，也许变得更好，也许变得更糟。

高中的前两年，我的英语成绩一直在中游上下徘徊。高三上学期的一次全校模拟考，采用的是其他城市的期末考试卷。差班有几个跟我关系不错的混混，居然在网上百度到试题和标准答案，私下里发给我。一时虚荣心起，我半信半疑地抄了答案，没想到一不小心抄成了全班第一。而差班的那几个学生也全都拿了高分，情况过于诡异，学校发现他们作弊，全年级通报批评。我的英语老师抱着试卷走进教室，说到这件事的时候，清了清喉咙："我相信我们班的学生有这个实力，我相信 Lydia（替代一下我的中文名还原现场），再接再厉，我们下一次考试就见分晓。"

当时忐忑不安、脸也涨得通红的我没有说话，默默地接受那不该属于我的表扬，开始放下一切科目，猛攻英语。一本一本地做练习册，提炼、分析、背诵知识点。奇迹发生了，某一天我像被打通了任督二脉般，选择题一片一片地满分。第二次模拟考来临，我真的凭借自己的能力又拿了第一。看到英语老师舒了一口气很欣慰的笑容，我心里又是愧疚，又是感激。

所以，在英语科目上本来毫无优势的我，高考后居然选择英语专业，一路走来也收获了很多校内外的荣誉，还策划英语话剧，自己编写英文剧本，在系里也算小有名气。回头看看，那一天老师选择信任我，对我来说是极大的鼓舞、激励和鞭策。多么奇妙，我学业上的转折，竟然是因为一次作弊。

我曾经非常委曲求全地陪伴一个闺密很长的时间，她性格比较要强，从小被宠惯了，经常对我提各种各样的小要求：帮她打个水啦，请她吃个饭啦，到车站去接她帮她拎东西啦……我都屁颠颠地有求必应，从不皱一下眉头。可是当我有了男朋友之后，我的生活重心转移到男朋友身上，她开始吃醋、生气，指责我见色忘友。一开始我还哄她，后来她时不时跟我说我男朋友的坏话，预言我们的恋情很快就要出问题，以为我好的名义，给我带来了极大的困扰。我很痛苦，不想自己变成一个薄情的浑蛋，也不想跟她吵架，因为我很清楚她的性格早就定型了。尽管她对我的感情也许是真的，但仅仅是她单方面需要我，而从未想过为我们的友情付出些什么。

某一天，我无意间翻到一句鸡汤："回避冲突性格的人，来自于从小和父母相处方式的投射。"那是你父母，世俗告诉你要孝顺，要听话，你不能伤了他们的心；那是你朋友，世俗告诉你要义气，要包容，朋友就该珍惜和经营，你不要轻易伤害友情。那么，什么时候你能为你自己活一次呢？失去了自我的你，活成了所有人的样子，唯独不是你自己。

我一下子从自我束缚而且闭塞的心理压力中冲了出来，我开始决定遵从自己的内心。闺密再一次对我提不合理的需求时，我温和而坚定地拒绝了："你的时间是时间，我的时间也是时间。更何况，你从未为我付出过你的时间。我跟你是朋友，因为我们是平等的，是需要互相付出才能一点点升温的，不然最初的好感早就消失殆尽了。你性格使然，这没关系，只要不再彼此伤害和抱怨，我们依然可以一起玩耍。"

她愣了半天，张了张嘴，想说什么又说不出来。她没有想到，一向言听计从的我会突然这么激烈地反抗。她真的开始一点点改变，也知道记住我的生日，给我买生日礼物。她说谢谢我，教会了她对别人付出，不然她永远都不会明白为什么有些人曾经很爱她，突然就不爱了。他们一声不吭地消失在她的世界，都没有给过她改正的机会。

我说我也感谢你，你让我学会了找回自我，遵从自己的心意，不再向违背自己心意的事情妥协。这一天，才是我真正的成人礼。

找到那些让你拍案而起、冲破牢笼的一瞬间，总结出你自

己最在意的软肋和痛点,并刻意训练自己,拐点的加速到来是让你的人格成长得比别人更快的秘密。**

我们需要牢牢记住那些改变我们的瞬间,感谢那些或主动或被动给予我们刺激的人。哪怕是伤害,也是来源于在乎和爱。通过这些阈值的点,去认识和真正地了解自己,以一个客观的角度去理解自己是一个怎样的人。

有社交恐惧症就刻意参加几个陌生饭局,尴尬着尴尬着就习惯了;不要回避矛盾和冲突,尝试迎上去,顺藤摸瓜地解决它们;遇到喜欢的学长,就勇敢地去表白;想交的朋友,就真诚地去接近,表达好感;想培养金钱观,就下股市操个盘;对生命的意义感到迷茫,就去医院住院部转转,看看那些在痛苦中毅然求生的人;去和门口的保安大爷聊聊天,听听不同圈层的人眼中的生活是什么样子;去蹦极,去远方,去一切可能会刺激到你、重新赋予你启发和灵感的场地,给自己一个机会,去接受灵魂的洗礼。**人生就像游乐园,既然拿到了门票,就干脆都玩一遍,体验痛快,将自己的人格发掘到极致成熟的模样,越快越好。**

我之所以这么选择,是因为我是典型的 ENTP 人格,这类人的特点是反应快,睿智,有激励别人的能力,警觉性强,直言不讳。在解决新的具有挑战性的问题时机智而有策略,善于找出理论上的可能性,然后再用战略的眼光分析。善于理解别人,不喜欢例行公事,很少会用相同的方法做相同的事情,倾向于一个接一个地发展新的爱好(摘自 360 百科,真的不是为了自夸)。

如果你本性与我不同,不必勉强,但是方法路径是相通的。苏格拉底说:"认识你自己。"我加一句:"认识你自己是决定你人生方向前必做的,磨刀不误砍柴工的大事。"

褒奖和唾弃都滞后你当下的努力。**在前行的时候,最需要打气、最需要褒奖、最需要支持的阶段,没有任何正反馈能刺激你,唯有恐惧、自卑、不安、逼不得已能更好地驱动一个内心不那么强大的人支撑下去。那一段黑暗的时光,我们都依赖内心不竭的恐慌。万物皆有裂痕,如是阳光照进。**

有些锚点那么平淡而不起眼,却彻底改变了我们人生的航线。如果时间精力允许的话,尝试坚持写日记,如果不想公开的话,设置为仅自己可见。也许是当时的心情,也许是一些特别的小事,当你回首若干年前的天空,居然有过那么一圈色彩暧昧的晚霞,而当时的你对这些一无所知。相信我,你会感激这个小习惯，给你的记忆保留过这么珍贵的线索。

我们一直在向前走，迅速地成长，而偶尔的回眸会让我们确保自己的脚印不曾偏移过方向。

股票大作死手回忆

我从小不知道哪根筋搭坏了,初中的时候就偷拿着户口本开了三四个银行的存折。把自己平时的零花钱攒着存着,时不时再取出来,可金额实在太小,柜台小哥经常象征性地施舍我一角钱利息,我就特别兴奋。这是最开始接触到钱生钱的概念。

到大学后,赚了一点闲钱的我又开始动了理财的心思。闺密学金融的,正好需要众筹一笔资金做一个项目练手,我忐忑地给了她3000块,三个月后她给了我3500。于是我再一次领会到金融的魅力。可惜我数学不好,精力不够,一直没去好好学学理财。

工作后,我告诉自己,我不可能靠工资发家致富,也不可能打工一辈子。36岁以后要么靠资源和影响力赚钱,要么靠资本实现被动收入。那么我从有积蓄开始,就应该试水做一些理财和投资练手，钱少的时候交的学费也少，但是长的教训是差不多的。这个道理我一直懂，但是直到2014年年底，牛市开始起步，我才终于下了手。那时候疯狂到什么地步呢？一个朋友悄悄告诉我一只股票，一个月后我看到新闻有个名字很眼熟，回去查聊天记录才发现，已经整整涨了一倍。一倍啊，什么概念？我如果听了他的话，把20万本金放进去，就变成40万了，等于我一年多的薪水啊！我需要做的可能就是开个户，买入那只股票而已。

一开始我还跟着开户经理的推荐买，后来胆子大了就参考朋友的推荐开始自己研究股评买了。那时候每波动一点点，亏个千把块都能揪心致死，也拿不住，稍微赚了一点就想卖掉，几乎所有忌讳我都犯了。金融知识的学习等不及我的交易，我只能到处搜罗交易大牛，但是我没有什么好给他们交换的，又什么都不懂，随便谁都能把我忽悠得团团转。于是我就想了一个办法，把这些交易大牛攒到一个群里，他们针锋相对互相拆台，辨别一番后我慢慢筛选出了一个相对靠谱的炒股小分队，大家非常单纯地每天交流股票信息，满脑子都是赚钱的小算盘，感情也变得特别好，就跟一起打过仗上过战场似的。看他们的聊天和操作，我也慢慢学会了大概的思路，形成自己的交易逻辑。有一小段时间运气特别好，买啥啥涨，最高峰我赚了 17 万浮盈。一个月不到的时间，我整个人快飘上了天，群名开始从"炒股小分队"变成了"庄家队"，又变成"10000 点涨停小分队"。那时候我们群的口号叫作"不涨停的都算跌"。每天收盘了大家就在群里争相发红包沾沾喜气，那其乐融融的景象，真是令人怀念。

我几乎把所有的现金都放进去了，每天只留吃饭的钱。手机屏幕摔坏了我非常心疼，倒不是心疼要花几百块换屏幕，而是少了几百块本金，我也许可以将这几百块变成 1000 块的。

股市能将人性放得无限大，你的贪婪、虚荣、恐惧、焦虑、失望、懊恼，每一种情绪都会在每一笔交易里展现得淋漓尽致。我从来没见过，自己杀红了眼的样子，从来不知道自己会一睁眼，想到要开始新的一天就会嚎啕大哭。

是的，随着股灾的来临，接连的跌停板让我无法抽身的时候，我整个人崩溃了。原来可以一天赚一万，也可以一天亏一万。我有这么多股票高手陪着我，居然一个都没嗅到风险吗？我无法相信。那时候恰逢端午节，家庭聚会时每个人都各怀心事，互相小心翼翼却又忍不住开口问："你跑出来了吗？"

有个著名的故事叫"关灯吃面",来源于曾经让所有人信心满满的重庆啤酒遭遇黑天鹅,接连 6 个跌停板之后,一位贴吧吧友写下的一篇简单的句子:"今天回到家,煮了点面吃,一边吃面一边哭,泪水滴落在碗里,没有开灯。"

艺术源于生活,再伟大的作家,如果没有经历过,也很难将这种麻木、绝望、难过刻画得如此淋漓尽致,画面感如此强烈,简直是神来之笔。我很庆幸自己有过这样一段经历,能够看得懂这么多股民的笑与泪,就像二次元文化、球评文化、游戏术语一样,每一个圈子里都有着人民群众智慧的结晶,没有共鸣,就无法真正融入。

金融像另一个维度的世界一样,有着它特有的运行体系和丛林法则。我每天在金融世界里了解着形形色色的生存技能,寻找和琢磨适合自己的运作方式。我闺密问我,最后的战果呢?我笑笑说:"我赚的利润都吐回去了,然后就留了很少的一点钱在里面放着,上下一两万平缓波动着。"新手第一轮,都赚不到钱的,因为比起学会赚钱,更重要的是要学会止盈和止损,这与技术无关,这是和自己内心博弈的过程,漫长,但无可逃避。经历过了这一轮之后,我的金钱观、人生观和世界观发生了翻天覆地的变化。金钱不再只具备消费意义，它更是一种获利工具，同时又只是一串数字。只要不借杠杆，不丢本职工作，在安全红线以内，无论是花出去做了股票，还是旅行、买衣服了，都差不多，各有收获。岁月教会我们的，每一笔都有着标价。

如果没有接触金融，我永远还会是最保守传统的思维方式，慢慢攒首付，从不办信用卡。当我和朋友说如果你有1000万，你也不要全款买房的时候，她惊讶地难以理解。是的，一年前的我也是这样难以理解。当我告诉她，如果你用着公积金贷款，三十年还清，以最低比例交首付，那么你剩下的钱随便买点什么收益高于公积金贷款利息的理财产品，你都是稳赚的，更何况随着通货膨胀和收入水平的提高，同样面额的钱对你的意义会越来越不一样。1996年如果贷款买房的话，那时候的天文数字，现在可能就是你一个包而已。她如梦初醒，一如初碰交易的我。

这也是一种微型的杠杆。什么叫杠杆呢？比如你本来只有10万块，你有某种渠道可以借来90万，那你就有了100万。由于中国股市的涨停板制度，每天最高只能涨10%，那么你假设这只股票一定会上涨，买入100万后，涨了10%退出时，你就有了10万利息，相对于你原来的10万本金，等于一天获得了 100% 的收益，而你为借钱所要付出的利息，怎么也不可能有 10% 的。当然，如果跌停了，你也就全军覆没，一无所有了。

这么刺激的游戏，无异于赌博。新手千万不要尝试，但是你需要有一些基本了解。如果连爆仓都听不懂的话，你会失去很多乐趣的。是的，我们人类听到别人遭遇这样的悲剧时，总会心情愉悦那么一点点。

我朋友说，她有了 1000 万的时候能不能雇用个人帮忙理财，告诉她应该怎么花钱，怎么分配。我说那当然，但是这事儿就跟装修一样，如果你一无所知，对方看你是个新手，想怎么坑你怎么偷工减料赚回扣你都不知道，能让你亏得找不到北。就算理财规划师很有良心，他们的判断也不会每次都是对的，巴菲特、索罗斯也做不到啊。如果你无法分辨什么样的规划师靠谱，现在也不接触了解，将来老了也许要被某租宝卷走所有家产。

法律、金融、医学、心理学、地理、化学、政治、历史、健身、摄影，是我们能有高质量健康生活的必备支柱。金融和法律，是我一个文科生的软肋，却又是最重要的武器，再沉重我也要试着拿起它。

　　我鼓励每一个年轻人尽可能地早点培养理财和投资意识，在不影响生活的情况下，哪怕做做模拟盘也可以，学习一些基本的游戏规则，不要以为你没有积蓄这些就与自己无关了。大学时金融系的学长就拿到学费后拖着不交，用一个学期的时间大胆运作。一个案例开拓一下思路，新手千万别玩火，如果无法承受千万不要贸然出手。当了解足够的金融游戏之后，你就会本能地对超出合理市场回报的项目产生排斥和回避心理。天上永远不会掉馅饼，不贪心，就不会连本金都丢掉。

　　有空去看看《股票大作手回忆录》、《margin call》(《商海通牒》)、《大空头》、《华尔街之狼》，远离那些浮夸的相关题材电影，去启蒙你对这个世界的一种新的认知吧！

若你还弱小

曾经有篇文章叫《你弱你有理》，讲述的是很多人仗着自己是弱势群体，就一副理直气壮的样子过分寻求他人的帮助，得不到还会诸多抱怨，这样的描绘赢得了大众一边倒的共鸣和支持。初看我也觉得很痛快，只不过后来仔细想想，曾几何时，我也做过这样的事情，不禁汗颜。

思考了很久，他们可能其实不是坏，只是情商低，不会委婉地满足对方感受，满足自己的需求。他们的大脑可能如未经教化的孩童一般朴素，也许是教育缺失，也许是未经世事，没有这样的当头棒喝，谁又能天生知道礼数和教养是怎么一回事呢？

反过来说，我回忆起在一无所有懵懂无知的时候，我确实被这个世界温柔地对待过。有次和一个朋友倾吐心事到半夜，习惯性地给他发个红包，他义正词严地说，你不觉得身边有各种金钱或者利益关系的人太多了吗，何必再多一个？那一刻我突然想起了很多人，在我弱小、无力回报、无法对等地资源交换的时候，无私地给予我帮助和关怀的人。这个世界上，对于弱小者，大多数人会有一片热心肠，因为我们每个人，都是从弱小的襁褓中走出来的。

也许会觉得恐慌，也许会觉得一筹莫展，但是不要慌不要怕，只要有一个好问题，就不怕得不到好的回答。平时多混几个微信群、QQ 群，七嘴八舌地说一堆，不怕没有好的启发。当然，微信群的质量也会因为你的环境变化和能力的增长层层递进。但是总得开始有这个意识，三个臭皮匠，顶一个诸葛亮。学会怎么借力打力，学会怎么站在巨人的肩膀上，甚至于怎么借助网络的力量，都是一个互联网从业者需要具备的基本素质。

怎么获得帮助有这么几个要诀要记好：

1. 尊重你自己。意味着你提出的问题代表着你智力和能力的上限，代表着你的瓶颈，要确定这个问题是你竭尽所能思考和搜集资料后，依然不得章法需要人点拨而提出的，只要你足够尊重自己，不敷衍、不偷懒地提出一个好问题，别人一定也会尊重你，认真地给予你解答。

2.给予对方充分的信任和理解。如果你对对方的身份和知识范围一无所知,提出不合适对方举手之劳的问题,甚至还会凸显出对方的知识面的匮乏,大多数人是会感到一丝恼怒的,并且如果对方给予了建议,不论你是否接受和认可,都应该在当下表达出完全的信任和感激,事后再判断是否采纳。千万不要妄想通过讨论和对方辩论,大家没那么有空。

3.在公开场合多次主动提出和赞美曾经给予你帮助的人。让别人有潜意识知道你是个感恩的人,那么你就会建立起更良好的信誉,更容易获得对方的支持。

4.不要试图掩饰自己的害羞、窘迫、尴尬。你弱小,就表现出弱小的姿态,别人才会充满正义之心帮助你,这点不仅对于女孩子,男孩子也同理。我遇见很多说句话就憋得脸通红的男孩子眼神闪烁着向我求助,我总是会心一笑,恨不得立刻倾囊相助。当然,"同性相斥,异性相吸"这种宇宙通用法则还是要学会利用的。

5.贡献不了资源,就多跑跑腿,做做苦力,帮领导收拾收拾桌子,买买外卖,勤快点,你一定会得到更多的指点。

趁我们还年轻,还有弱小的资格,放心大胆地走出去试试吧,世界给了年轻人足够的包容,做错了也会原谅你,如果能够以小博大当然是光荣,输了也是理所应当。在你获得足够的技巧前,先用你那颗纯粹的赤子之心,让这个世界给你留一条求生之路。

如果你能够表现得有潜力,好培养,大多数前辈都会非常乐于扶持潜力股。而把小事做大,就是为人靠谱的一个重要特质。有些人,能把一件大事做小了,甚至做没了。有些人,却能把任何一件再小的事情做得惊天地泣鬼神。我敬仰已久的男神,不过是闲来去知乎答答题而已,如今小电影都拍起来了。我曾经私信咨询过他一些问题,他哪怕回复私信都能出口成章,对仗工整,文采飞扬,这样的人,永远不可能被埋没,终有一天会散发出耀眼的极致的光芒。

我的老大给我说过这么一个故事:"在腾讯的时候,腾讯教给了我太多的事情,我只需要做一颗螺丝钉就可以了。我们这样的好学生,从小最擅长的就是完成老师交代的任务。去了另一个规模稍小的公司以后,情况完全变了,每一个部门都是一个孤岛。但是这样一个环境,却给了我最大的蜕变。我当时的领导是一个非常优秀的人,原因在于她特别能'添油加醋'地让任何一个契机发挥出无限大的化学效应。**对于眼前任何一**

个小的活动,她都用着极致的心力在催化它,而它带来的连锁反应的回报,终将远远超出你的预期。"

准时,契约精神,也是做事靠谱的重要表现之一。只有内心对自我有强大约束力的人,才能够从不赖床,从不迟到,尊重他人的时间,永远保持着超高的执行力和对节奏的把握能力,而这常常是很多大佬自己都做不到的事。所以他会依赖于你自下而上地对他管理和约束,一旦走到这一步,他就会对你愈加信任,分拆出一部分事情交给你,并手把手地带你成长。这是一个人成长的重要契机。若你弱小,你首先要学会不要迟到。

同一个坑,你只能摔一次。犯错没关系,但是如果你三番五次地在同一个地方出错,所有人都会失去耐心,这显示的要么是你态度不端正,没有把教训当回事听进去,要么是你智商有问题。很遗憾,不论是哪种原因,你都会失去被原谅的资格。

我们都有过慌张无措的时候,而这时候,你一定要记住,就像是不慎深陷泥潭的人如果胡乱挣扎,只会将自己陷入更深的处境,你必须冷静下来,以最容易接受帮助的姿态寻求救援。**所以努力让自己看起来有希望,是我们当下需要最先琢磨的事情。**

平庸是原罪

如果你自己都不知道自己该做什么，别人更加不知道了。

A 是我的一个朋友，学的机械，一个文文静静的小女生拿着这样一个尴尬的文凭，既不能下车间又不能和那些工程大老板喝酒接活儿，于是跑去做了培训机构的老师。可是一个半路出家的培训老师能有什么前途呢？只有去那种不正规的小机构，连五险一金都不给交的那种，随便凑合凑合找口饭吃。一般的本地小姑娘家里都觉得这样挺好的，拿个两三千的工资，每天优哉游哉地上班下班，做一些轻轻松松不用费心费力的事情，等到了成熟的时节就结婚生子，一切顺理成章幸福美满。

可是，这个世界往往不会这么轻易地放过我们。很快，就因为需要父母帮助买房子的问题两个人闹掰了，工作的教育机构也分裂关门了。一夜之间，小姑娘的天就塌了，浑浑噩噩度过了半年的黑暗时期，打电话来向我哭诉问我怎么办，此时的她已经回到苏北的老家休养生息了一段时间，想考证，想来外面的世界看看，想忘掉旧爱开始新生活，问我怎么办，我束手无策。

你们每一个人的周围一定都有这样的女生，性格乖巧，生活本分，五官清秀，温柔善良，但就是因为过于平凡，没有抵御风险的能力，当生活中遭遇了烦心事，往往束手无策。想帮她，也无从下手。与此类似的还有很多实习生，诚意满满，会对你说"请你给我一个机会，我愿意学习，我愿意奉献出我的体力去帮你做很多小事"。然而，中国最不缺的就是人。茫茫人海都是劳动力，毫无差别，除了运气特别好的，否则真的很难很难拿到机会。他们并没有做错什么，他们只是困在了"平庸"二字上。

梳理了一下思绪，我给出了我唯一能想到的回答：

首先，离开你的老家。人往高处走，水往低处流，回到老家只是把头埋进沙子的鸵鸟，困在没有什么发达产业的小城市，除了做生意和小公务员没有别的出路。

考证书无用，这个社会根本不看证书。与其闭门造车考一堆你以为可以给你带来新工作和新生活的证书，不如借助同学、家人、朋友的眼光和力量，选好行业，进入一个有发展的行业一边做一边考。期间不断积累经验和人脉，总有出头之日。以我的角度来看，旅游、餐饮、互联网、酒店、教育、金融、电商都是可供选择的。

错过的爱人，居然是因为家庭原因分开，这简直无语了。都什么时代了，还能因为没有房子分开。说到底，还是因为两个人人格不够独立，经济不够独立，所以不自由，解决了温饱问题，自己挣钱自己花，有底气有能耐，大不了和父母闹翻，自己心一横把证领了又能怎样？舍不得就回去死缠烂打地追，只要两个人感情没问题，真的想不通还有什么问题是问题。

人云亦云，唯唯诺诺，没有主见，这一定是最糟糕的生活方式。国人的教育模式教育我们要学会听话乖巧，所以大多数孩子非常被动，几乎失去了主动把握命运的能力，他们什么都没做错，他们按照别人的指示活成了别人的样子，却在某一天突然意识到丢失了自己，却又无力挣扎逃出生天。

弱者总是期待被救赎，然而残酷的是，只有自救才是唯一的有效之路。

他们相信父母和老师是不会害他们的，可是他们就没有想过父母和老师可能是错的，他们习惯了逆来顺受，言听计从，却在长大后面对风雨的时候发现家人并不是曾经以为的无所不能，可以保护他们一生，他们平凡得不能再平凡。按照世俗的轨迹、无差别流水线生产出来的人才，到了社会才发现，原来只有有棱角的齿轮才能带动整个机器转动。

当你完成了高考，走进大学之后的第一件事，就是去发掘自己是谁，彰显出自己独特的个性和优势。不知道没关系，大学里有品类繁多的社团，去多多尝试。**最可怕的就是你的社会面容模糊不清，没有任何辨识度。不要忘记，只有批量生产的螺丝钉是不需要性格的。**

有一个朋友更加乖巧，说话大声都不敢的那种，毕业后找了份没有编制的体制工作，接连相亲找的对象一个比一个寒碜。我们都万分不解，后来才了解到，她妈妈恨嫁到连对方叫什么做什么的都不打听就塞女儿的程度，觉得自己的女儿是个无法出手的滞留品让自己脸上无光。

知道真相的我们快气疯了，可是又实在无可奈何，她的人生早已定型，由于工资微薄，连抽出几千块去报个烹饪课、插花课、开个小店的资金都没有，父母也不肯给，就算我们筹借给她，也无法给予她反抗的勇气，只会加深她的压力和自卑，变得更加懦弱。她就这么一日一日地熬着，在花季就已经接近凋零。

从前我一直很不解，为什么这些人明明知道这样下去很糟糕还不奋起改变呢？明知道在路边摆个地摊卖鞋垫是一定卖不了多少钱的，为什么不换个生意做？随着时间的推移，我慢慢发现，**穷和懒是不分家的，懒得去搜集信息，懒得学习，懒得改变，导致在泥潭里越陷越深，像鸵鸟一样把自己埋在舒适的翅膀中，不愿意逃离舒适区，只能承担时代的洪流将他们一步步卷走的后果。**

所有的成功，都来源于反人性的努力，你们感受一下。

把你的玻璃心摔碎成渣

如果要我选一样年轻时最应该抛弃的东西，毫无疑问，必然选玻璃心。玻璃心是指过于在意外界的眼光和看法，从而影响自我评价，产生自卑、焦虑、不安等心理，排斥和抵触迎接挑战的行为。玻璃心和自尊自爱不是一回事，自尊自爱是有底气有自我的，玻璃心是别人爱我我才有价值，别人不爱我我就一无是处。这风险太大，毕竟这个世界上，不爱你的人居多。

我有个特别疼爱的姑娘，为了追求梦想放弃家乡待遇优渥的工作，来到北京，成了一名设计师。这是她的天赋和兴趣所在，她也拼尽了全部心力在工作和成长上，没想到这样一个人畜无害的姑娘依然遭受着室友的风言风语："她画的海报太土了，还是回三线小城市吧，凭什么在北京扎根啊。"她因为身体原因辞职休养，也被人幸灾乐祸地传着她被开除了的谣言。

为此她闷闷不乐，我听了嘿嘿一笑说，就这小破事。

我刚来北京的时候，所有人都在等着看笑话，对我的前途抱着十分消极的态度。临走前家里人逼问我公司叫什么，他们上网查查正规不正规。我没敢说。因为一来没正式入职还有着不确定性，二来实在太小了，一查还不得以为是传销。家里给我寄东西的时候都不敢写公司地址，因为在居民楼里，十张嘴也说不清……朋友们泼泼冷水也就算了，最见不得我好的人是亲妈。她无数次诅咒、讽刺、挖苦我，等着看我落魄街头，无奈投降，只能乖乖回到她身边承欢膝下。直到两个月后我的薪水已经超过了大部分临近退休的老公务员收入，他们才目瞪口呆说不出话来。

那时候的我，在外面打拼受的一圈儿委屈都比不上家里一个电话来得多。而这最后也被证明不过如此，他们说归说，没有任何实质性的阻碍和伤害，那不就是左耳朵进右耳朵出的耳旁风吗？更不要说与你八竿子打不着的路人了。当有人问我，你凭什么能有那么多粉丝的时候（其实也并不多），我耸耸肩回答他，大概就凭比你漂亮吧。

难道你还要真的较真地和他探讨你的水平吗？

在跳出原有圈层的过渡期，总是会经历一轮腥风血雨的洗礼，这是必经之路，谁也逃不掉。除非你乐意原地踏步，永不改变。

我很喜欢看《吐槽大会》，且不论里面的笑点好笑不好笑，这种坦然面对舆论，自黑自嘲的心态，就非常值得推崇。当你勇敢地去面对一些你难以启齿的尴尬时，尴尬就不复存在了。而当你能笑着调侃的时候，你就真正地强大了。

诚然，刚刚步入社会的我们，就像刚走路的孩子，需要不停地接受反馈和障碍，才能调整自己前进的方向。但是你要学会去区分你的目标人群到底是谁。毕竟，我们不可能满足所有人，那么我们能够争取到自己喜欢的人的认可和欣赏就已经很了不起了。至于其他人，他们还不够评论你的资格。

有些女孩子天生面皮薄，平时内向点做好自己的工作没什么大事，但陷入自己的情绪怪圈就是个大问题了，严重起来得了抑郁症或者自闭症非常危险。有一个高中时期的学霸，因为考了一次不及格，就压力大到神经衰弱，直接回家休学了一年。从此对学习有了严重的心理障碍，成绩一落千丈。我们都表示不解，心说难怪自己成为不了学霸。

记得我最灰暗的那段日子,一收到骂我的私信就哭,没日没夜地哭,不敢出门,不敢跟人说话。后来我男朋友带我去玩H1Z1,游戏语音里都是极其粗鲁不堪的谩骂,这已经成为游戏里的一种亚文化了。你从来不知道,原来真的会有人毫无缘故地用最恶毒、最下流的语言辱骂你。经过了一小段时间的适应和洗礼之后,我终于学会把他们看作是一群与我无关的人说着与我无关的话,他们只是在游戏中尽情地放松自己,其实对方无论做什么,他们都会骂,仅此而已。

这个世界上有那么多负能量的人,他们将对自己的不满投射到他人身上,你为什么要去为之买单呢?

春节到了,面对著名的春节三问(在哪里工作啊?一个月多少钱啊?房租多少钱啊?),我终于准备好了回答。可是再也没人问我了,我也不用忐忑不安地恐慌和焦虑如何去面对这些了。一个残酷的事实是,当你真的生活得更好以后,那些暗暗在等着看你笑话或者企图和你攀比以寻求优越感的人,就都不会再自讨没趣了。那些让我们感到尖刻、不礼貌、过分的询问,是因为正中痛处和软肋。**我们的愤怒,也源于自己的无能,既是对客观事实的无能,也是对躲避和拒绝这些不舒服关系的无能。**

破除这一魔障最好的办法就是坦然面对。我可能收入不高,但是我自给自足，逍遥快活；我可能单身未嫁，但是我坚定自信；我可能一时成就不如别人家的孩子，但是我不偷不抢，也没给社会制造麻烦，谁也没资格指手画脚。对方的傲慢和挑衅，是对方的愚昧和狭隘造成的，我没有必要为对方的市井气买单。当你有了这样的心理暗示之后，不论对方怎样的行为，你都不会生气和懊恼了。就像买菜时碰到缺斤少两想占你便宜的小贩，你也只会一笑置之。强大后的你，怎么会在意他人的小动作和小心思呢？

  我有个闺密活得特别坦荡，她不是通俗意义上的大美女，但就是很爱自己，不惹人讨厌的那种自恋，每天把自己打扮得像个洋娃娃，发自内心地赞美自己，也赞美别人。她对自己的爱不是建立在比较后的优越感上，而是来源于原生家庭的正能量。时间久了，我看她也觉得越看越美，我也越来越意识到，做一个心胸开阔、内心阳光的人，发自真心地喜欢、认可、崇拜自己，是一件多么必要的技能，它能感染你周围的很多人，相信你的相信，让你整个人都闪闪发光。

  可能现在弱小而年轻的你很难做到，你无法和客观存在带来的沮丧感抗衡，你想要的太多，可你仿佛还是一无所有。你在乎的人不喜欢你，你想工作的公司将你拒之门外，你的失败无处躲藏。但你所要做的就是闷头过自己的生活，去赢取你欣赏的人对你的欣赏。他们比你牛，有权利拒绝你，天经地义，所以能赢得他们的赞赏、微笑、认可，甚至惊叹，都是你赚来的。这么无本万利的事情，为什么不勇敢一点多花心思去做呢？

我有时候特别爱看鹦鹉史航他们吵架的样子，无论对方多么无理取闹，恶毒嚣张，他们总能四两拨千斤地怼回去，经常妙语连珠，看得人捧腹大笑。你可以选择儒雅地沉默不回应，也可以选择嬉笑怒骂的真性情，只要当你想这么做的时候，你就有能力做到，那么实际上做出了哪种选择也就不再那么重要了。从他们身上，你可以获得某种鼓舞和力量，他们可能比你优秀得多，但是遭遇的伤害和诽谤也比你强烈得多，你做错了一件事只需要面对那么一个暴怒的领导，而他们写错一句话却随时可能遭受四面八方的羞辱和攻讦，你知道他们没有害怕，没有退缩，没有把这些负能量放在心上，没有受影响，反而越来越成熟、强大，文笔越来越犀利老辣，正是这些攻讦成就了今天的他们，他们就是你的未来和榜样。

一个人的能量，不完全取决于他在顺境中能取得多大的成

就，那可能还有天时地利人和的成分在。但是当面对挫折、失败、打击，能够选择应对和抗衡，能够随时准备东山再起，这才是一个真正的英雄。

悄悄告诉你们一个小秘密，我周围很多出类拔萃的女孩子的蜕变，几乎无一例外，都始于失恋。只有自尊心被人无情地践踏至极，才能有股狠劲和暗能量，这股狠劲和暗能量将人的潜能，无限地放大。

当有人说：你不行

我在"在行"上接受咨询的时候，有一个很努力也很优秀的年轻人向我展示他的作品和履历，希望进入互联网圈做新媒体。我看了一眼，毫无潜质的中规中矩的传统稿件，很残忍地对他说："别试了，这行不适合你。"

他有些着急和沮丧地问我："为什么这么武断？如果是进入互联网之前的你自己，站在现在的你面前，你会预料到她将来有一天会成长为你现在的样子吗？你会告诉她，你行的吗？"

那一刻我突然语塞，愣了很久才回过神来，无数的画面在我脑海里像蒙太奇式的电影画面一样闪过。我犹豫了很久，答案已经显而易见：当年的我，也看起来不行。

那时几乎没有人说我行，抱着一张专八证书，别无所长。那个夏季，真是燥热又难熬，我每一天都感到焦虑、迷茫，我觉得我的内心有一团火，好多的能量无处释放，抬眼望向四周，却没有远方。

爱情，真的是女人最好的老师。感情会逝去，会消散，那些影响你人格、拓宽阅历、改变一生的拐点却难以磨灭。为了能够让离开的旧情人无法忽视我的存在，我用尽一切心思想让自己获取更多的关注度和认可。在这个过程中，误打误撞，轨迹就变了方向。一些我曾经崇拜不已的偶像都关注了我，给我发私信：生女当如你。

我突然对自己的社交账号有了新的认知，那些看着我一举一动的人都是活生生的，他们在现实世界里也有着自己的喜怒哀乐和生活观念，并不是我的执念里要拼命增长的一个粉丝数或阅读量。我可以通过获得他们的认可，抢占他们的视野，留存于他们的记忆中，找到我更大的世界。

是的，在此之前从没有人说过：Lydia，你可以。

每个人都在给我泼凉水，我爸说："北京人才济济，你算老几？"某大厂的公关说："你来北京能找到月薪过6000的工作算我输。"某英语培训机构3000底薪的教师岗位拒绝了我："我们只要有留学背景的。"

幸好我男朋友当时比较没心没肺，他说："来北京吧，我养你，虽然我养过的小动物都死了……"

也只有他一边玩游戏一边漫不经心地说："北京遍地的工作机会，我们公司里很多人也天天划水啊，哪有他们说的那么吓人。"

艰难地转行后，我还是无数次听到"你不行"的声音。我写的稿子不行，太幼稚；我写的文案不行，不专业；被领导在会议上指桑骂槐地喷："有些人仗着自己在社交平台上有几个粉丝就不加班了，我话放这里，你不会有多大出息。"但事实是我在弹性工作制度下，正常早九晚五，工作从未拖延或者停滞，相比那些中午上班夜里下班的同事，我为什么还要透支时间呢？

我不怪他们，我只是借他们的话，暗暗记下那一刻我的纬度。即使如今褒奖和赞美比以往都多，我也很清醒，看得起也好看不起也罢，真正能决定自己生命走向的，从来只有我自己。

如果再让我重来一次，我还是会给那个努力的年轻人泼冷水。因为在做判断的当下，我所拥有的素材只有那么点儿。我不了解他的人生，我不懂他内心的火焰，若害人盲目蹉跎了岁月，一样很不负责任。

如果他真是那块儿料，他自然会证明给我看。**热爱和梦想，**

是别人浇不灭的。如果仅仅靠别人的认可才能坚持做下去，一定做不成。每一个现在当红的自媒体人，没有一个是后天培训出来的，他们从小就热爱阅读和写作，有着旺盛的表达欲，只是因为职业经历不同，走向了不同的发展方向。看看他们的朋友圈，这种只有几行字，不会被扩散、不会有收益的地方，他们一样能写得妙趣横生。

你行不行，从来都不是靠别人来说的。你先做出来，不行也得行了。

那些
突如其来的恶意

当我刚开始在社交媒体受到一些喜爱和关注的时候，就像一个中了五百万彩票的穷鬼一样不知所措，有些飘飘然也有些胆怯，同时心理上也还没做好准备，将自己生活中的一些侧面放到聚光灯下，接受来自四面八方不同的声音。那个时候我几乎每天都要刷新一下三观，告诉自己"原来世界长这样"。

直到有一天，突然因为和人起了争执，有一个男生追着我狂骂，原话有多恶毒和愤怒我忘记了，我只记得我被骂到在办公室里闷头大哭起来。我不明白，我没有伤害别人，为什么有人会这么恨我，仿佛巴不得我立刻去死。我不明白，为什么要对我说这些话，并且在尝试沟通的时候依然被不依不饶地攻击。我仿佛挨了一记闷棍，努力去搞明白是怎么回事。顺着他微博里的公开信息，一路找到他的一些基本资料。看样子也是个新手，都不知道发动小号来吵架。于是我把我搜集到的信息整理好发给他,予以警告,意思是我知道你是谁了,你确定你还要这样继续吗?

想想那时候我也是幼稚,为什么就是舍不得拉黑呢?用着小孩子的做法想保护自己,却只会陷入泥潭地去打架,将自己也沾满污渍。

没想到这个男生一下子就慌了,他生怕我将他的个人信息公之于众,发动影响力去摧毁他的生活,于是跟我认错,叫我不要人肉他,他再也不骚扰我了。事情这才告一段落,我再一次惊得目瞪口呆,原来我这种受气包,也能有这么"威风八面"的一天,想了想居然破涕为笑。

过了两年,我的生活也经历了天翻地覆的变化,这件事情早已忘到九霄云外去了,直到有一天,我一条日常生活微博遇到一条莫名其妙的冷嘲热讽评论,我多嘴地问了一句:"大爷我究竟哪儿惹你了?"他马上回复我:"你人肉过我,你记得吗?"

我吓了一跳,心想这敢情是来寻仇的啊,翻了翻私信,没有记录,翻了翻主页,也是个正常状态的人,还有着不错的学历和工作。于是我开始试图去挖掘戾气的源头,私信问他怎回事。憋了一会儿，他突然开始跟我交心起来，他说："你长得很像我前女友。所以我曾经骚扰过你，而你看不起我，我就把对她的恨转移到你头上了。"

那一刻我有些触动，五味杂陈。我开始听他的倾诉，他现在生活的苦恼和对前女友的思念。他说到后面也在寻求我的意见和帮助，我像对待一个老朋友一样安慰他，而这本该是个互相拉黑的结尾。当一切再次告一段落的时候，我发自内心地对他说："谢谢你，解开了我的困惑。"

爱恨本同源。那些充满戾气的人，大多心里都有着故事和心结吧。我多么感恩上天，让我如今拥有了一个成熟和强大的人格。面对攻击时不再怀疑自己怀疑人生，不再会轻易被激怒，不再会受他人情绪的影响，拥有了自己的判断和节奏。

如果不是互联网，我不会看到这么缤纷多彩的世界，连阴暗面都千奇百怪。如果不是主动参与其中的一分子，我也不会有这么多不曾预料到的经历和心路变化。古人云：读万卷书不如行万里路，行万里路不如阅人无数。诚不欺我。

当然也有很多的冒犯是没有缘故的，仅仅是因为他们无聊和愚蠢。知乎上也好，贴吧里也罢，天涯论坛、微博、豆瓣、陌陌、无秘上,你永远能看到层出不穷的各式喷子,闲下来读一读他们满满负能量的惊人之语,看到他们跟小学生一样只能依靠各种语气词发泄般地吵来吵去,每个人都异常兴奋,一定会有人在心里嘀咕:他们到底为什么要这样啊?他们就一点都不会反省下管管自己吗?

这里科普一下逆火效应(the backfire effect):当一个错误的信息被更正后,如果更正的信息与人原本的看法相违背,它反而会加深人们对这条(原本)错误的信息的信任。这就是逆火效应。而更正信息的行为就像是一把逆火的枪,虽然没有射出子弹,但却"击中"了谣言,让更正后的(或原本)真实的信息更加没有市场。当人被动地接受信息轰炸时,会有一种保护自己的既有观点不受外来信息侵害的本能。慢慢地,逆火效应就会让你对自己的怀疑越来越少,最终把自己的看法当作是理所当然的事实。

看到这里你会明白,为什么当一个喷子站起来,即使被指正、吊打,还是会有陆陆续续的后来者抱着谣言不放,像咒语般反复念叨,仿佛掌握了真理的钥匙般兴奋、开心,愈发嚣张。没有一个工作热情、家庭幸福、财务自由、生活愉悦的人,会有这个闲工夫和他们纠缠。

生命这么短,一分钟都不要浪费在无趣的事情上。

从此我给自己立下了几条规矩:

1. 不要因为憎恨和愤怒而一味否定一个人的所有,那会使人眼界狭隘而偏执。

欣赏你的敌人,凡是能激怒你的,一定是在某些方面和你势均力敌的人,跳出当下的思维去看待对方,不要受私人主观的情绪影响,那没有任何益处。多学习对方的优点,努力让自己成长到可以忽视对方的高度,寻找下一个对手,才是最理智的做法。

2. 收起浮躁,保持谦逊和低调。

不要去试图挑战人性,激起他人的恐惧、嫉妒、反感、烦恼,都是一种过错,不论是否有心。**百害而无一益的事情,只会为自己带来更多的麻烦和困扰,多反省自己,少给这个社会添堵,如果不能阻拦利益冲突的纷争,起码要做到问心无愧。**

3. 沉默是金。

可说可不说的话,不如不说,你会减少百分之九十九的麻烦。

4. 对亲近的人温和。

你最容易得罪和伤害的就是他们。**我们没有理由因为熟悉**

就忽略对方的自尊心和需求。

5. 如果别人喜欢你，做不到接纳就及时谢绝；如果别人厌恶你，心怀愧疚地转身离开。如果对方不舍得拉黑你而纠结于争吵，你来帮他。

我将下文抄写了一遍贴在了床头，希望与你们分享：

地低成海，人低成王。

圣者无名，大者无形。

鹰立如睡，虎行似病。

贵而不显，华而不炫。

才高而不自诩，位高而不自傲。

韬光养晦，深藏不露。

路径窄处，留一步与人行；

滋味浓时，减三分让人畅。

——摘自明朝洪应明《菜根谭》

在性善论和性恶论的选择中，我倾向于前者，如果有人觉得人性本恶，我也相信那来自于对爱的欲求不满。

爱也许不能解决所有问题，但是可以尽量不制造问题。

吵架的正确姿势

每天醒来仿佛全世界都在吵架。今天她发一篇文章痛骂实习生，明天就有千夫所指的稿件再破一个十万加，后天开始有禅定清高姿态开始点评："哎呀，你们撕得不对啊。"我出于职业习惯一般都没有立场，只会琢磨分析这几篇稿件的文笔套路有什么可以借鉴的，直到吃饭的时候我男朋友问我："你觉得这些写心灵砒霜的作者是坏人吗？"一不小心噎得我差点昏过去，毕竟我也算半个鸡汤界的，你这么说我就不乐意了。

你可以认为一个人蠢，也好过你认为一个人坏。诛心，是吵架里最没有意义的偷懒行为。

你说你讨厌一个人或者一篇文章，你可以具体地列出哪里说得不对，逻辑是什么，分寸该怎么拿捏，一条条掷地有声地讨伐。任何一个人或者一篇文章，单单用一个主观臆测去批判，只能衬托你的无能，都说不出个所以然来，还撕个什么劲儿啊。

对于任何一个人、一篇文章，也不至于全然肯定或者全然否定，贴标签会束缚自己的思路和胸怀。因噎废食，对谁都没有好处。如果你判断这篇文章不适合你，那仅仅是不适合你，不代表这个作者毫无可取之处，也不代表没有人适合它。

我曾经遇到一个年轻人，他从2005年开始就将天猫店做到品类中排名第三的位置。他说那时候出去都不敢说自己是做淘宝的，不然工厂不供货。我大吃一惊，追问为什么。他说因为淘宝的货价格太低而且透明，打破了这个市场的游戏规则，让工厂的其他客户赚不到钱，那他们只能拼命压低工厂价格以保证自己的利润，工厂只能再去压供应链的，整个社会规则被打破。而且做淘宝的也不够体面，所以我们连朋友都不说。套个做外贸的壳子，发货单都必须是中英文两份，按照外贸的流程装模作样地演一遍，才能偷偷做。那时候知道的人少，日子过得非常滋润。现在进来的人太多了，全平台如果不是前十的店铺，只要不盘点，就都是赚的。因为一盘点就会发现，钱都在库存上压着，这么一算利润根本惨不忍睹。

我没做过电商，我且不去细究他说的有没有夸大成分，但是这生态现象多么眼熟呀。情感总是有问题的，养生总是有市场的，时事总是有槽点的，三大话题永远占据着各大门户网站的流量之王宝座。可是互联网人都看不上啊，不屑啊，我们要写干货，我们要写特稿，我们张口闭口都是几个亿的生意，尽管我们吸着雾霾挤着地铁，但是我们的前方是星辰大海呢！你看这些写家长里短的破事儿，就是在骗傻子的。可是她怎么就能有那么多流量还赚钱呢，好气哦。

打破了生态平衡的人，必然会受到最猛烈的口诛笔伐。

水平有高低，文字无贵贱。你可以喜欢看二叉树，但是也没必要抨击人家看山楂树啊。

还有一种人的观点是：这些鸡汤作者自己肯定根本不信自己写的，他们知道按照自己说的那套根本无法成功，他们就是迎合市场，观众爱看什么写什么，根本上就违背了文人的基本素养。

你怎么知道他不信呢？你不能以自己的知识经验阅历去类推他人，每一个人成长的环境都是独一无二的，谁也无法真正理解他人的选择。我早期在知乎上收到最多的质疑谩骂的私信内容就是:"你不是小学老师吗?你怎么做互联网了呢?你怎么可能做得了呢?我周围那么多小学老师,怎么都没转成功,就你找到工作了呢?你一定是骗子。"

遇到这样的质疑,我连反驳都提不起兴趣。除了暴露他的世界是多么贫瘠以外,我收集不到任何有价值的信息。反倒是若有人有理有据地抨击我的文章,哪里哪里说得不对,就事论事地打脸,我要么认错道歉,要么思考辩论,无论如何都会敬他一杯。

同样的,你认为×××是五毛党,你怎么就知道他不是真的爱国呢?我爸也是真心地爱国,逢年过节就在感慨国昌民顺,为什么没人质疑他是五毛党,就因为他没有成为网红吗?什么时候从成功不成功可以来推断一个人诚心不诚心了呢?

哥白尼的"日心说"一度被当作"异端邪教"加以打击——布鲁诺被烧死,伽利略被审讯。我们人类的认知永远是渺小的,世界万物的真理尚且永远无法穷尽得以了解,我们又怎能参透伟大的造物者创造的人类内心呢?

"诛心论"最简单啦。"我看他就不是好东西,我直觉这个人有问题,她那样子明显就是靠睡上来的。"**一下子就把人定**

了性，做错事都是顺其自然，做对事都是作秀表演。那这个五彩缤纷的世界，你究竟都看到了些什么？

下次不要再问我如何看待×××啦？在看到任何确凿的实锤之前，我没有立场。

那么什么才是吃相不那么难看的撕呢？

1. 摒除利益相关嫌疑。

如果无法摒除，你最好保持沉默。除非你想借势蹭热点炒作自己，那没关系，你知道自己想要什么，放弃了什么，做好利弊权衡就好。

2. 违反国家政策、法规、道德民俗的公众事件的污点。

把私人恩怨上升到对社会秩序的危害上，会帮你迅速找到一个稳固的道德高地，揪住往死里打就好了。

3. 从细节、事实、逻辑层面打败他。

诛心的人看起来颇像泼妇骂街，有着胡搅蛮缠和气急败坏的嘴脸，实在不够优雅。辩论队和律师法庭上彬彬有礼的辩论就文雅多了，赢了里子，更赢了面子。人生路还长，羽毛的价值会日益凸显。

4. 明捧暗贬。

用幽默反讽的语言，从一个脑残粉的视角放大对方值得嘲笑的漏洞。当你文采斐然，双关排比典故信手拈来，借代暗语反语比肩接踵，让人在欢乐的阅读体验中愉快地接受了你设定的滑稽形象，是最绵里藏针的玩法，也最考验文采。

5. 就事论事，不人身攻击。

Chapter Four

能量要释放在更合适的地方

像我一样的人，还有很多很多。背水一战，破釜沉舟。回不去的故乡，让我和我的家，各自分开成长。既然去哪里都一样，当然要去就去风潮浪尖上。

如果爱有天意，
不止于一见钟情

很多人觉得在北上广爱情太脆弱，是因为他们想要的太多了。

而我们很简单，只想依偎在一起各自刷手机。

我们是在知乎上认识的，留了微信。那时的我还是一个在南京默默无闻的小学老师，过得很不幸福，虽然家里不愁吃穿，但是精神上很崩溃，满满的负能量。他一直在温柔耐心地安慰我，开导我，慢慢地就好上了。

他让我去北京找工作，他那时候做游戏，福利待遇不错，又很清闲，大概是因为项目比较边缘，开发了两年都没上线。在五环外租了个很不错的公寓，因为他公司就在五环边上，走路十分钟上班，虽然是合租，但是每周固定有人上门打扫，弄得很干净，邻里之间互相也不打扰。一开始是次卧 1750 元一个月，等我去了之后换了主卧，一个月也不过 2000 元，对于我们的收入来说没有任何压力。除了为迁就他睡懒觉没有换个离我公司近的房子之外（早期上班要穿越整个北京城来回四小时，后来换了工作大概单程一小时），其他都过得很舒服。每天他会等我到了地铁站才下班过来接我，一起坐门口的小车晃晃悠悠荡回家，然后就是两只松鼠在出租屋里宅着的无聊人生。好在我讨厌社交，他也是，憋坏了就周末去一趟后海，买个马迭尔冰棍，逛圈南锣鼓巷，然后就闷头急着回家继续打游戏、刷知乎的人生。

一开始我还兴致勃勃地做饭给他吃，北京的生活太不便利了，菜场隔老远，又小又破，索性我们后来就不开灶了。每周末睡到下午两点，去附近的万达看个电影吃个饭，一般一天也就吃一顿，一两百都能解决，也没比做饭贵太多还省时间。平时我们都有饭补，或者公司有食堂，根本不用操心这个。

我们从一开始就没想留在北京，因为居住证和户口的事，所以也没有什么买房的打算，他的钱都花了，想买啥买啥，不太过分的都负担得起，当然除了股票以外。去年的牛市我们都兴致勃勃地冲进去了，每天的共同话题除了工作、知乎的好话题分享，又多了个股票的谈资，我索性把他拉来和我几个做交易的大牛朋友一起组了个小群，这样我们慢慢从情侣又多了个战友以及病友之类的感情。我们每天一起研究赚小钱的事情，打打游戏，泡泡论坛，努力工作，除了亏钱了就号啕大哭被他骂两句，其他时间都像一碗白开水一样波澜不惊。

偶尔因为作瘾犯了，也会吵架然后离家出走，出去转了个几小时发现生活重新开始太麻烦了，又只能夹着尾巴滚回去。回去后发现这厮还在没心没肺地打游戏，只能望天流泪收回矫情症。

他说，我就要治治你这毛病，这里是北京，大家都忙着讨生活，谁有心情跟你演琼瑶戏？

北京的风特别大，很多事情一夜之间就吹乱了，每天都要承受好多个始料未及。一个午后他突然告诉我，公司裁员，给了赔偿金，明天就不用去上班了。我当时的心情，简直可以用欣喜若狂喜出望外来形容。对于他的学历背景和能力，在由于客观行业大环境和运气离职的情况下，我可以分分钟帮他找个更好的工作，还能额外领不少赔偿金。但是当时对我来说更重要的判断就是：赶紧走，离开北京，我们去上海或者深圳定居。

如果此时不走，那么两个人总有一个人会有割舍不掉的事业，什么时候才能离开北京呢？机会再多，毕竟不是久留之地。于是，我一点休息时间也不给他，逼着他赶紧投简历，找内推。看过太多人，gap（空闲）一下心就散了，再也回不到正轨。北上广最好的地方就是有着无限的机会和可能，我们是两个自由的灵魂，可以随意安放在理想的坐标和环境里，差不多的连锁店，差不多的生活方式，无缝对接切换自如。资源的重构和积累本来也就是跨空间的。我们可以自由地控制着我们的人生，除了我愿意我喜欢，没有什么事情可以干扰到我们。类似于父母不同意，没有房子，没有编制，长相身高没达标之类的问题都可以被我们抛之脑后。**没有财务自由，就没有人格独立。养得起自己，我们才配谈爱情。**

考虑到将来照顾老人方便一点，两个人总得有一个离家近点，我们最终选择了上海。一个月的时间，我们搞定新工作，退租北京的房子，分发一些带不走的东西，想卖刚开的健身卡没卖出去也就算了；将家当物流运到上海朋友的家里，请上海的朋友帮忙找好房子，过完国庆节直接就来上海开始了新生活。

上海虽然生活节奏也不慢，好在生活便利，随处都是商场或者711，我午夜出门都能买到第二天急用的丝袜（当然不是去打劫）。

到了上海，我们的收入都又提高了一大截，于是我们租了一套地段还不错的老房子，月租3850元，隔音很好（咳咳），开始周末请保姆上门帮我们叠叠衣服拖拖地，25块一小时，来两三个小时就够了。出门上班都打Uber，10块钱左右就到了。我的办公室经历了几次搬迁，现在离他的公司只有两公里，有时候刚分开就想念了，他就中午花5块钱打车过来陪我吃麻辣烫。我们还经常可以一起出差，虽然隶属于不同的公司，但是行业相近资源相通；我们还时不时牵头一起办个活动，然后顺理成章地一起回北京，各自见见朋友忆苦思甜一下，还为公司省下一个人的酒店钱。

每天下班他就来我公司接我去健身房一起健个身，我给他请了私教，办了居住证，正在慢慢搞积分，研究怎么落户。五年以后才能买房，也正好给我们点时间攒首付，希望那时候能挺直了腰杆尽量不求援，这样我们能活得更舒坦，不用忍受太多指手画脚。以前我做过"魔兽寡妇"，所以痛恨沉迷游戏的男人，慢慢这两年被他感化了，最近还陪他玩了起来。

在我去北京之前，我对未来的风雨飘摇充满了恐惧，面临着无数的不确定和挑战——我们的感情不确定，自己的能力和工作不确定，父母反对压力的不确定……后来心一横，一咬牙一跺脚，揣着平时攒的一些钱就这么来了，心想大不了花完了还活不下去我就滚回家。真来了发现比想象中容易很多，加上我又整天火急火燎地储备各种应对意外的能力，认识了一帮非常挺我的朋友，帮我渡过了一个又一个难关。现在发现，居然生活得比在家乡还安逸。**我们给自己构造了一个足够安全的玻璃罩，它不是由体制、编制、亲戚、家族背景、人脉、父母构建的，它是由我们自己对社会产生的价值构建的，虽然艰辛，但是踏实。**

曾经知乎上很火的那个问题下：为什么现在很多年轻人愿意到北上广深打拼，即使过得异常艰苦，远离亲人，仍然义无反顾？我的答案是：因为喜欢的人在北上广啊。当时我还在南京，还在犹豫不决。他在评论区回复我：北上广有什么好的，我喜欢的人就不在北上广（我们暗指的都是彼此）。

网恋这种危险动作还是不要轻易学，我在正式来北京之前，先来溜达了一圈跟他相处了几天，各方面测试一下，趁他上班的时候帮他打扫房间，把里里外外的档案、学历证书、合同、个人资料查了个底朝天，确定不是什么坏人才下这样的赌注。没办法，天蝎座。

我男朋友这个人，他也用所有的社交软件。但是翻一翻，大概三四个月发一条状态，就是简单地叙述"我刺威武""北京这天气真是活见鬼了"之类。他眼睛一睁一闭，就是在玩游戏、玩PSP、看美剧、写文档、刷知乎、刷网易，偶尔周末和朋友喝喝酒、唱唱歌，聊天内容也都是关于游戏、篮球、赚钱。沉迷郭德纲（万万没想到），死都不看大陆爱情片，看到好玩的就呵呵傻笑，看到悲伤的就默默关掉，看到恐怖的就大叫一声吓死别人。

从不没事回忆过去，也不忧心忡忡畅想未来。活在当下，今日有游戏今日醉。

遇到矛盾了，他基本不能忍受冷战，不能忍受阴阳古怪的话里藏话，不能忍受难看的脸色。要么就背过身去玩游戏完全跟没事人一样理都不理你，要么就叽里呱啦跟辩论赛一样把事情始末、是非黑白，从头到尾，一二三四五，给你梳理得清清楚楚，完全按逻辑来，管你什么情绪不情绪。头可断血可流，嘴巴就是没有油。

看所有的文艺片觉得蛋疼，满脑子都是漫威漫威漫威。

觉得自己胖就去健身房，办了卡坚持不下去就哈哈承认自己懒没办法，改变能改变的，对不能改变的欣然接受。去一趟后海，我想划船，他鬼哭狼嚎地怕冷，想去798大概一年才喊得动一次。如果要唱K，听到别人动不动唱惨绝人寰的情歌就想取笑。生病了就老老实实去医院打针吃药，股票跌了就眼巴巴地等着回调，没钱了就干脆利落地觍着脸求助，有钱了就开开心心拿出来花掉。

从来不关注任何两性话题、站队题、情感题，也懒得写答案，写个周报都像要他命。别人吐槽的任何话题他都能立刻理清思绪，不偏不倚、公正客观、不安慰、不同情、帮理不帮亲。管你怎么扑腾怎么大吵大闹，要他说一句假话不如要了他的命。

满脑子都是单纯的愿望：产品上线、赚钱、找年轻的小妖精。

随着时间的流逝，我们越来越如胶似漆，胜似初恋。很多人会好奇地问我们，为什么这么顺利。其实开端并没有多浪漫的一见钟情，我们互相嫌弃，却又觉得可以凑合交往下去。随着生活的频频磨合，互相迁就和理解，慢慢发现彼此的闪光点。最重要的是，你的喜欢一定要建立在客观存在上，比如他很高，很帅,皮肤白,学历好,赚钱多等,而不是他对你好,浪漫有情调等,这太虚了,说变就变。就算没变,你也会随着阈值的提高渐渐麻木,患得患失起来。而当你看上的是既定的客观存在时,即使吵架想想他那些优点,就能平息些怒火,连台阶都好找一些:"要不是看你长得帅,我才饶不了你。"

至于我们,那我当然是看上他聪明啊,赤裸裸的染色体交易,多么纯粹啊,哈哈。

"父母皆祸害"小组成员的血泪书

豆瓣上有个小组叫"父母皆祸害",曾经人气火爆到媒体都争相报道的地步,随便点开一个帖子,都充满了绝望无助到令人心疼又无能为力的窒息感。

是啊,遇到坏人可以报警逃跑,朋友翻脸可以决裂,情人可以分手,可是唯独原生家庭无穷无尽的苦恼,将人紧紧拴住在这无形的囚笼中。普世的价值垄断也一直告诉我们,父母一定是为我们好,血浓于水,要孝顺,要迁就,要顺从……那些生活在阳光下的人,站着说话不腰疼地指责着饱受痛苦的小白菜们(anti-parents 小组成员),"子非鱼,安知鱼之苦"。

为人父母,仿佛就是一张豁免金牌,能够为一个有着诸多缺点的人瞬时披上无可指摘的光辉。哪怕在这之前他无知、自私、固执、愚昧、卑鄙,在孩子面前,他就是不可违背的天命。

然而实际情况呢？太多父母在生育之前并没有任何的准备，从精神上到物质上，就这么糊里糊涂地迎接了小生命。从此之后他们以为自己的生命有了新的意义，自己完不成的梦想，寄希望于孩子来完成，孩子还未出生，也许就背上了厚厚的原罪：你需要他来挽留配偶的心，延续香火，解闷，为你获得社会地位、家族地位，甚至在自己失意时作为泄愤的工具，任你打骂，长大后找一个富贵人家，再解决原生家庭的经济困难。

一个一个的小白菜，就在这些本身就问题重重的家庭中成长着，身心遭受着各种各样的伤害。那些饱受责骂和不屑的孩子，从小自卑又自负，多疑又敏感的性格将伴随终身。

很不幸，我也曾经是一棵小白菜，在知乎上"为什么有那么多的人要去北京发展"这个问题下，我写过：因为我没有家。

对于没有家的人，反正去哪里都一样。北京之大，大隐隐于市，反而活得自在潇洒。

对于很多人来说，背井离乡，来到竞争激烈的北京，承受着雾霾、高房价、举目无亲，是需要多大的勇气，要经历多少的辛酸，是多么正能量爆棚积极向上。

可是有很多人，总的来说，是因为家的吸引力远远没有北京大。

　　我的父亲常年在外飞来飞去忙于公事，大概每隔一个月我才能在他深夜回家的时候，问问疲惫不堪的他身体怎么样。然后第二天我早早上班，再回家时，他就已经到了别的城市。我的妈妈因为没有业余爱好，也没有多少朋友，小时候是娇生惯养大的，老了连基本的家务都做不好，于是控制欲强又自卑，暴躁，怨气冲天，永远在冲我倾泻情绪垃圾。我安慰过，心理辅导过，让她去找过心理医生，养宠物，我乖乖地在离家很近的学校工作，好好地陪了她两年。

　　可是，我再也受不了了。

　　我掏钱给她报了全包的旅游团，她回来哭诉，整个旅游团只有她一个人落单，别人都是一家子或者结伴。她觉得很难堪。我没有办法，我无能，我做不到代替她交朋友。

　　我结束考研考试回家，发现没有晚饭，问她为什么没有做饭。她冷嘲热讽地说："就你这个德行也没见你看书，考什么呀？自己爱吃什么吃什么。"（因为我可能会考到外地去，她极力阻止，所以听到我考试的事情就变脸）。

　　大雪天我在操场上执勤，以防学生玩雪滑倒，回来看到六个未接来电。我打回去，劈头盖脸地被痛骂："人哪里去了？

我在医院做完肠镜检查好难受啊，你快请假来医院接我回去。"我解释说，"我走不开，没有人顶替我，你休息一下打车回去或者我下班过来接你。"然后就是发泄般的咆哮："你和你爸一样，一天到晚忙忙忙，忙什么鬼东西？我要你们有什么用，这个不孝的东西。"然后不由分说挂了我电话。我发信息给她，说你打车回去吧，或者办个住院什么的，我来给钱好不好。她没有回我。回到家又看到她生龙活虎地跟没事人一样在看电视，我一句话都说不出来。

我妈雨天过马路的时候被汽车撞倒，没多大事情，司机吓得打了电话喊我过来。她坐在医院 CT 室门口，依旧是不尽的数落，从八百年前我的恶习开始说起，教训教训，永无休止的教训。

每天清晨，家里永远是被咆哮充盈着。也许是因为被子没有叠，也许是因为杯子没有及时清洗，也许仅仅是来告状，我爸又怎么怎么了，在我面前，把我最尊敬的父亲、最爱的父亲，骂得一文不值。

没有来自妈妈的关心、照顾，没有热腾腾的饭菜，没有精神上的交流、借鉴、指引。我除了需要早早成熟起来，反过来去照顾她、宽容她、哄她，还需要承受无休止的指责和谩骂。

也许有的人，天生不懂得如何表达爱。他们太幸运，一直有人宠着顺着，所以有恃无恐。当一切优待慢慢丧失，他们愤怒，他们怨恨，他们惊慌失措，即使抓住可以救命的木头，也会拼命往水里面压。

终于，当我有一天蹲在路边，崩溃到哭着随手拨通了那时候还不是我男朋友的人的电话，听到我的哭声他急急忙忙从饭局撤出来，安静地给我分析所有的脉络，他说："来北京吧。这不该由你来承受。**你的能量，应该释放在更合适的地方。**"

于是我来北京了。来之前通过电话面试，来的第二天就入职了。我终于可以专心地做自己想做的、擅长的事情，遇到一批批同龄的、牛得不得了的同事们。我每天在资讯最便捷的行业中心，遇到的是我之前只敢仰望的人做着我的导师、我的同事、我的合作伙伴。时隔四个月，再去看看来之前的我的朋友圈和微博，和现在的精彩纷呈有着迥异的清晰分割线。

我生病了，有搀扶着我，脱下外衣披在我身上的男朋友给我喂药。我阔别已久的各路旧识，都因为旅游、公差、路过，纷纷在北京与我相见。我可以躲开不喜欢的人，手机一关，就相忘于江湖，再也不会遇见。我可以有足够的平台，去支持我实现我所有的奇思妙想。我有跟我一样年轻而富有活力的团队，彼此刺激着脑洞大开，开会开得拍桌狂笑。**我开始去影响更多的人，能操控更多的事，尝试更多的未知。**

像我一样的人，还有很多很多。背水一战，破釜沉舟。回不去的故乡，让我和我的家，各自分开成长。

既然去哪里都一样，当然要去就去风潮浪尖上。

如今我妈妈退休后重新找了工作，继续融入社会，被年轻人簇拥，开始四处旅游，开始学会跟我说话的时候照顾我的自尊和感受。爸爸更加心无旁骛地打拼事业，准备用更大的成就来诱惑我回家，干劲十足。父母双方也不再吵闹争执，子女不在身边，没有了撒娇耍赖的后盾力量，于是俩人开始举案齐眉起来。为了充实自己，他们去锻炼，去跳广场舞，于是身体变得健康。

老人和小孩一样，放手，才能更好地成长。

而有一些朋友就远远没有那么幸运了。因为自身见识有限，儿女二十四五还没成家的时候，就会心急如焚，怕邻里嘲笑，怕最后"剩"在家里，于是托媒来给女儿相亲，半年不到就草草让他们成亲，已经急到仿佛把子女托付出去自己就能得到解脱一样。

还有为了彩礼排场不够，婚礼细节不满意，大闹婚礼现场使婚约当场取消的，子女赋闲在家就百般冷嘲热讽的，仿佛子女的人生就是他们手里的筹码，百般摆弄着，以爱的名义，行自私之事。

中国父母最爱挂在嘴边的一句话：**我养你有什么用？**

可是孩子生来不是为了对你有用的呀，难道不是因为多一个亲人，多一份爱，多一个独立的个体快乐地生活在这个美丽的星球上吗？

我常常羡慕父母和老年长辈会与时俱进地使用网络和智能软件，羡慕长辈有自己的业余爱好并且自得其乐，他们真正地活到老学到老，不给子女添精神负担，他们的目光不会仅仅局限于子女那一亩三分田的小日子里，从而横加干涉，不会因为子女成家立业担心失去控制权，从而惴惴不安。相比经济负担，老年人的精神捆绑更是让子女难以承受。

盲目地向子女索取陪伴，却发现相顾无言，如果父母也能积极主动一点了解子女的生活，努力融入他们，我相信大多子女都不会介意教会他们使用各种新科技产品。

我请教过很多"过来人"，如何处理父母的控制欲和专横跋扈，无一不是连哄带骗，他们对我说，你要的是个和谐的结果，还是要个自以为正义的过程？老人家老了，你改变不了了。

我总是感伤地想，我多么希望和父母是坦诚相待的朋友，互相尊重，发自内心地互相理解，而不仅仅是因为血缘和辈分的关系，才表现出的惺惺作态般的其乐融融。如果连在亲人面前都要像对待外人一样虚伪做作，家，还会显得那么温馨暖人吗？

不要让他们
毁了你的爱情

我曾经也上过某些恋爱专家的当,他们说看一个男人爱不爱你,就要看他为不为你花钱,以及一个男人如果爱你,是绝对不会让你买单的。

于是在恋爱初期,男朋友偶尔一顿饭坐着等我买单的时候,我心里有了芥蒂,为这个耿耿于怀,态度也冷淡了很多,搞得他丈二和尚摸不着头脑。很久以后我终于吐露心声,他大呼:"你是不是有病?我就不能正好回个微信忙点事儿?"

闺密在说悄悄话的时候也都提醒我,一个男人要是朋友圈里从来不提你,就要小心了。受了鼓舞的我气势汹汹地去问罪,我男朋友一头雾水:"我这人就不爱发朋友圈啊,你让我秀啥?太傻了。我所有朋友你都认识,我的手机你随时可以翻看,我只要下班就跟你黏在一起,我还能干点啥?"这时我才回想起来,我们都同进同出几百个日夜了,还按这种标准判断,确实太无聊。

结婚后我妈也不停地试探我:"现在他工资卡交给你吗? 不给的话你要小心哦, 男人是会变的。"

我气得哭笑不得, 这个电子支付时代钱都在网上账户里, 卡给不给我有什么意义? 他要用的时候, 还能真等着我下拨零花钱吗?

都是这些约定俗成的套路, 把现代人的爱情挤压成一个多么畸形的怪物。房子必须男的买, 不买就是不爱你; 买了就要加你名, 不加就是不爱你; 妈妈和你掉水里必须先救你, 不然就是妈宝不能嫁。

可是人们什么时候才能觉醒, 无论什么性别、什么年龄, 我们都是珍贵的独立的生命。从人格上, 女人并没有什么额外的优越性。你的青春很值钱, 男人的青春就不值钱了吗? 社会上确实存在大量的性别红利和性别劣势, 生过孩子结过婚的妇女和高龄剩女在相亲市场上确实受一些委屈。但是说穿了, **当你把自己放置于这样一个交易环境内的时候, 你就是承认了自己的无能和仅有的生殖价值。**

恕我直言, 如果你在这样的社会地位里, 所有的金科玉律都保护不了你。

也许你遇到过看电影时,掏出喷着祖马龙香水的手帕为你擦眼泪的情调男;也许你也经历过弹着吉他,写着情书,打着飞的来给你送奶茶的偶像剧剧情;也许他也曾经下跪求你不要离开,场面刻骨铭心。但是随着年龄的增长你会明白,那驾轻就熟的演技,毫不费吹灰之力。你所看过的所有追女孩的技巧,有心人都烂熟于心,踩着你的 G 点下套,信这些爱情技巧,和听股评专家的话买股票是一个下场。

我闺密爱情的开场,几乎违反了一切戒律。主动,倒贴,男方未公告天下,连父母也隐瞒住。男方给我闺密的解释是:恋爱是两个人的事,还不想掺进外界的纷扰。我们都在劝闺密放弃,她竟然憋着一口气,乖乖忍住了,细细观察他的为人,确定他是一个好人,确定他喜欢自己,只是受过伤,也许对未来不确定,才有所保留。这一段所有人都不看好的恋情发展到他们扯证结婚后,男方彻底敞开心扉,沦为老婆控,朋友小聚也要拉着老婆亲个不停,把我们都腻歪坏了。

我难以理解地嘲笑闺密真是傻人有傻福,她神秘地笑笑,对我解释道:"他那德行,一开始遮遮掩掩的,一看就是屁蛋怕受伤。可是我知道他这人诚实不浮夸,不玩儿虚的,爱几分就表现几分,这种我反而放心啦!感情嘛,有几个一上来就爱到天崩地裂的,那都不正常,死党也是花时间精力培养出来的。荷尔蒙最不靠谱了,还是我们两个理性的利益共同体的盟友关系比较稳固,现在我们就是携手打仗的武藏和小次郎,内心都在等待光明的明天,外面什么妖艳贱货都入不了眼。"

我那一刻才突然明白,**对于这种自信、独立、逻辑清楚的姑娘来说,知道自己要什么,知道怎么要,如果要不了也输得起,找一个跟她一样自信、独立、逻辑清楚的男孩子,这概率比一见钟情还低,棋逢对手的伴侣,谁舍得撒手。**

还有到了谈婚论嫁阶段,家里人用种种奇怪的理由阻拦,诸如高矮胖瘦、挣钱多少、年龄大小、生辰八字等非关人品的问题。记住,和你过下半辈子的是你爱人,不是你爸妈,更不是七大姑八大姨,幸福不幸福你自个儿最清楚。很多时候,父母不都是为你好的,父母不是永远不会害你的,哪怕他们确实不是故意的,但是他们也会因为自身水平的局限,自身利益和感情的蒙蔽,确确实实害到你,害惨你。在你自己逻辑自洽但是和他们理论相悖的时候相信自己,不要听话,不要听话,不要听话。毕竟相比起来,死在自己手里比较容易让人甘心认栽一些。

时代不同了，父母的爱情观和婚姻观与我们这一代早已截然不同，他们对幸福的理解也许会有些人生的大智慧，但是更多数的情况是他们自己问题一大堆，于是他们以最鸡零狗碎的角度去揣度你。许多无谓的纷争所带来的困扰，足以摧毁两个相爱的人之间珍贵的感情。

忘掉星座，忘掉八字，忘掉水逆火逆还有什么编出来的鬼东西，忘记情感专家教你看男人的三十六式加降龙十八掌，忘掉妈妈的叮嘱、朋友的唠叨，忘掉明星一会儿信一会儿不信的狗血爱情。**你就是一个星球上的独立个体，你在为自己负责，想要找另一个独立的个体，可以有聊不完的话题，分工协作的家务活，可以鼻尖对着鼻尖在被窝里蹭到自然醒，可以一起去旅行不用因为安排失误而置气，可以甜的苦的都一起分担品尝，彼此都孝顺且善良。**然后你就会发现，爱情这东西，也很容易。

如果谈到非精神层面自由恋爱的市场，那简直是触目惊心。家住二线城市以下的姑娘，很快会发现，任何一个体制男都是香饽饽。周围有的是家里拆迁分了Ｎ套房的白富美，自带百万嫁妆往公务员身上扑，图的就是一个好听和安定。这些姑娘念书时，谁不是身后一个加强连的阵势，万万没想到回到家里落得这个下场。更好笑的是结婚后有钱的姑娘处在劣势地位，那些体制男早已被捧上天当大爷当惯了，口口声声伺候不了公主病，人家家里资产几千万上亿的本来就是公主，娇气点不是合情合理？人家从小保姆带大的为什么非要为你洗手作羹汤拿出一副黄脸婆的架势？

越是家里穷苦其貌不扬的穷小子逆袭后自尊心越膨胀、越畸形，怎奈大环境就是追着抢着，就像当年追着南北车抢黄金抢破头的中国大妈。更可怕的是哪怕你扛住了不被感染，也难逃父母命、媒妁言以及那满目疮痍的大环境。优秀的真高富帅都在外面闯荡，有钱去哪里都过着好日子。但你可选择的范围就那么大，大到你的生辰八字整个小区的人都知道。

有的人顶不住压力，在一片慌乱中匆忙将自己赶着趟儿出嫁，仿佛一旦嫁人就逃离苦海了。然而我们都太高估物质给人带来的满足，而低估了精神需求的强大。**婚姻只绑定利益，不绑定感情，它从来不是谁的救世主**。糟糕的际遇，不顺心的工作，性格的摩擦，并不会被满窗的喜字冲刷掉一丝一毫。当匆忙生儿育女后，灾难才在两个心智未健全的年轻人身上降临，看电影吃法餐花前月下带来的愉悦再也无法填满欲望的沟壑。小城市里，28岁以后，相亲的只能是这些草率离异的准备二婚的男女。

在婚姻登记处，我第一次近距离观察那些前来签字的离婚男女，他们夹杂在挂着甜蜜微笑的新婚夫妇中，像两座移动的冰窖。男的多半皱着眉焦急地催促着进度，女的在一边沉默不语。相比满脸堆笑着被拉着拍照的新人，那些挥手告别的离婚夫妇更让人感到庄重。结婚的多半糊里糊涂，离婚的却大多在一次次伤心欲绝后想清楚：一生意外相逢，就此别过谁也留不住的爱情，或许谁也没做错，错的是命运。

小丽是我妈公司里每天衣着光鲜亮丽去上班的一个女孩子，经常在吃饭的时候突然拿出自己新买的包包给大家展示，熟练地接受着大家的询问和赞美，时刻注意体态是否优美，香水是否合时宜。她托我妈给她介绍男朋友，我妈迅速把自己在银行里工作的表弟介绍给她，表弟一看这姑娘出落得清秀心里一阵窃喜。本来挺好的一件事儿，不到两周就黄了。我妈困惑地追问表弟，表弟吞吞吐吐半天才说，跟女孩儿回了趟她父母家，居然是下雨还会漏水的瓦片房，进了房门里面是无处伸脚的破败。他实在接受不了这落差。更难以接受的是，表弟一个哥们儿看了照片打来电话，偷偷告诉表弟这姑娘自己处过，那些奢侈品的来历，无外乎这样。

我妈连连摇头跟我感慨："想不到啊真想不到，你说这姑娘举手投足比你洋气多了啊！要说她是留洋回来生活在大上海的一点也不违和，这么好的一个大姑娘，咋就活得这么分裂呢？"

其实，正是因为一无所有，才格外在意外在的平起平坐，再穷，再富，大多数人都只能用苹果 7 而已，包包多一个少一个，都可以勉强够得上。偏偏出身，遮不住，掩不掉，就像穿着捉襟见肘的衣服，随便一个破绽就前功尽弃。谈婚论嫁，是即将和另一个家庭彻底地融合，哪里是一顿饭的演技和成本可以掩盖的。

姑娘啊，倒不如活得坦荡些，嫁不掉又怎样，这世上确实有时候会遇到求而不得的事物，倒也还没有一种人生是你配不上的。**这一路漫长，我们且歌且行，若你在一开始就背叛了灵魂，丢掉了自己，从此你再也无法找到一件合身的衣裳。**

好好先生没对象

老王是一个挺没意思的人，做着一份体面的工作，两点一线，平淡无奇。因为一次机缘巧合，闯入我们的世界。一开始谁都没在意这个人，慢慢地发现不论谁有点小灾小难的，老王都及时雨一样，神奇地帮大家解决所有的问题，堪称江湖百晓生，什么都懂，什么都会。

我们都惊叹：嚯，这是一只即将起飞的超级潜力股啊！

圈里凡是叫得上名的小腕儿，有事就爱找他帮忙，老王的人脉三个月后就四通八达，大大小小的饭局都有他的身影。大家非要拉上他的原因，除了他随叫随到特别好约以外，还因为他的年度KPI（关键绩效指标）就是脱单，大家伙都想帮一把。毕竟这样上进积极温和老实的男青年，实在是择偶佳品。

然而两年过去了，老王依然连女孩子的手都没有摸到，也没有飞黄腾达。跟一个带头大哥合租房子，失业的时候大哥也没帮上忙。老王很郁闷，但是也不太着急，每天乐呵呵地做着饭。老王的私房菜实在是太厉害，不仅色香味俱全，还非常正式地从淘宝上买真空压缩包装，可以立刻上架开卖。时不时空运鸭脖子到上海给我，震惊所有人，这么贤惠是想傍富婆吗？

时间久了，大家渐渐开始发现不对劲，老王在饭局后能开车把所有女生一一送回家，一个不落；逢年过节买一打书，所有的女生一人一本；请姑娘看话剧的理由一般都是：×××放我鸽子了，没人陪我看，你能来吗？

我们纷纷开始斥责老王果然是渣男，中央空调一般的温暖。结果他听了非常高兴，急忙忙地把这个名号往自己头上揽，好像身在花丛中的姿态能让他兴奋好几晚。

我们一开始还教育老王："你可以遍地撒网，但是你不能让大家互相都知道啊。偷偷的，低调的。"他一副坚决认错打死不改的态度，我们就放弃了。

直到有一天我们找到了问题的源头。有朋友问老王："你喜欢哪个女明星啊？"他愣了一下，环视一圈，说："我，我我都喜欢啊。"

我们不依不饶地问："你希望你将来的女朋友是什么样子

的呢?"

他支支吾吾地说:"女的,活的。"

老王其实压根就不想找女朋友,他只是讨好型人格而已。内心深处的自卑让他对自己的需求没有真正地开发出来,他暗暗觉得自己不完美,不配。所以并没有真正实施捕猎行为,而是在塑造自己的人格和社会形象,希望自己被大家喜欢,被人需要,从而获得对自我的认同。

讨好型人格本身是一种个人喜欢的生活方式,无可厚非,但是坑人的地方在于讨好型人格所做的很多事情南辕北辙,根本无法获得他们想要的好感,所以很容易一直痛苦下去。他们以为当一个乖巧的听众,附和对方的所有认同,盛情赞美就会获得好感。但是过犹不及,大多数人并不喜欢毫无主见的应声虫。

他们以为给予关怀和温暖就可以变得人见人爱,而没有把重心放在挖掘对方真正的需求上。他们精心维护的好好先生这个形象,并不能为他们赢得真正的感情和尊重。

我们都爱老王,把他当家人,但是这里面有太多运气和同情成分在里面。这不代表他充满魅力,足够吸引一个异性和他共度一生。老王这样的人,就是那些情感博主、人际关系教程、

PUA（搭讪艺术家）培训营的重点目标用户。他们像上课一样记着笔记，熟稔所有的清规戒律，却又发现很多教条自相矛盾。他们健身减肥，学习烹饪摄影，爱生活爱工作，家里把车房也都给备齐了。他们什么都做对了，但是依然没有对象。有些人敷衍地安慰道："哎呀，缘分未到。"明明就是路走歪了！

如果你自己醉心于烹饪，哪怕做出来不拍照，没人吃，也甘之若饴，那是对的。如果你学烹饪是为了做一桌好菜通过征服别人的胃来征服别人的心，那是狗屁。

如果你自己热爱健身，从中可以找到更自律的自己，为了自己的健康着想，那是对的。如果你是为了发誓狠减二十斤亮瞎前任的狗眼，为了让自己更惹人爱而极端折磨自己，那是狗屁。

如果你自己充满情调，对红酒、摄影、话剧、韩剧天生着迷，那可以尽情投入。如果你为了和女孩子约会的时候有更多的共同语言，为了融入对方的生活，强迫自己，那是狗屁。

你什么都做到了，然而社会不是一张考卷，没有满分。你在强迫自己的过程中弥漫着的一股子奴才气质，会让你魅力尽失，显得猥琐和懦弱。

我们首先得认识自己，成为自己，将自己塑造成一个有独

特人格、棱角分明的人之后，才会像一个齿轮，找到能刚好匹配住的那一个。而过于圆滑和完美的人，会一直滚动下去，无法停留。

为什么饭局上老王说自己喜欢每一个女明星，因为他怕他的观点会得罪一批跟他不一致的人。党同伐异，是人类的本能。**你妄图讨好所有人的时候，势必会失去所有人。**

我曾经问过领导，为什么他要提拔一个常常顶撞他的员工，他的回答耐人回味："乖巧的实习生固然省心，但是也难以扛事儿，他们没有主见，也意味着他们没有能力。没有一个有能力的人能忍受错误的决策，他能提出来意见，也可以给得出相应的对策和方案。我愿意跟他争执，而独裁往往是衰落的开始。"

讨好型人格的改变，涉及一些非常深层次的心理原因。我曾经也是，但是我的表现形式是难以接受别人的嘘寒问暖，非常在意别人对自己的看法和评价，很少表达自己的真正需求，怕麻烦别人，总是试图在别人面前营造出友好、平和、大度等没有攻击性的好形象。

从小，父母因为经商和工作的缘故，经常将我一个人锁在家里，从四岁开始我就要踮着脚去给自己煮方便面，看不见灶台，却凭着经验能把面煮得不硬不软刚刚好。有时他们也会在上班前带我到书店（一开始是大的邮局），准备一点零食，让我在里面读一天的故事书，下午下班了才接我回家，以至于现在我对书店和图书馆还有着痴迷和眷恋。我想去和小伙伴们玩，可是他们有肯德基的玩具，有芭比娃娃，有钓小鱼的玩具和漂亮的玻璃弹珠，我没有。所以我总是怯懦地不敢加入他们。

父母不会嘘寒问暖，我要是感冒发烧了只会惹来一顿痛骂，因为我不懂得照顾自己又给他们添麻烦了。他们会给我许多零花钱，结果我饿着肚子没吃饭，而买了小玩具分给小伙伴们，被狠狠揍了一顿，因为这是傻，是笨，是被欺负了。他们会对我的学习和成绩苛责严厉到极点，考得差了是我不乖，考得好了是撞大运，怕我骄傲也永远不会有鼓励和奖励。习惯了上有政策下有对策，习惯了兵来将挡，水来土掩，习惯了一屁三个谎去应对麻烦的老师和长辈。

我知道他们爱我，我理解，我懂。

可是当我难以面对别人的嘘寒问暖时，我才突然意识到了问题的严重性。假如明天有考试，也许朋友一句"加油哦，祝你通过"都会让我倍感压力，因为我潜意识里是：哎呀，有人给我下达命令了，做不到要让人失望了，要挨骂。

假如有人对我微笑，充满善意，我会感激涕零，恨不得掏心挖肺去回报。因为在我没有做出任何成绩的时候无缘无故对我好，是多么难能可贵。与他人的相处到了亦步亦趋的状态。

自我意识的觉醒，是我生活产生巨大改变的一个转折点。当我开始学会拒绝的时候，我惊讶地发现，我并没有遭到仇恨，相反对方会清楚我的个人喜好和底线，开始尊重和真正接纳我，我才真正体会到什么是人格。而这一契机，竟然是源于一次"友情"的崩盘，对方理所应当的姿态终于让我忍无可忍。迈过这个坎，一切雨后天晴。

道阻且长，希望每一个好好先生，都早日遇到令你爆发的那个贵人。很多时候，来折磨我们的人，反而是我们的贵人。

你的老友们，还在吗

成年人，谈情说爱都略显矫情，更不要说用心去呵护一下友情了。我们记得孝敬父母，宠溺伴侣，却又有多少人还记得在死党生日的时候，精心准备一份礼物呢？大概在我们心中，这没有那么重要了。

我有一个发小，我们上同一个小学，她是一个胖乎乎、总是笑眯眯的天使般的小姑娘。初中后我们做了一学期的同班同学，每天形影不离。然而，在我们吵架的冷战期间，她因为家庭原因，自杀了。

就在知道消息的那一瞬间，我突然记不起她的样子，拼命地回忆，拼命地想，就是想不起来。大概是太震惊，大脑启动了自我防御机制吧。她留下的遗书里，请人捎给我一句对不起。

我至今都记不起来是因为什么小破事儿跟她闹掰。从那以后，我一直记日记，时不时写几句话给她。每年忌日，我都会烧一封信给她，和她拉拉家常，报报八卦，说说我们都认识的人最近有了什么新变化。她是江葬的，没有墓碑。

后来我做了小学老师，班上有一个眉眼间像极了她的小姑娘，她的脸终于在我脑海里重新变得清晰。我拉着小女孩的手，说："老师做你的好朋友好不好啊？有小朋友欺负你了一定要告诉我。老师带你去买好吃的。"

小姑娘受宠若惊。

直到今天，十几年已经过去，同班同学大概没人再提起她了。可是，每当我看到"最好的朋友"这样的字眼时，我依然会想起她。她仿佛在我身边，从来没离开过。

我多么想跟她亲口说一遍："没关系啊，我们和好吧！"

自那以后，即使朋友间会经历一些摩擦，我也会很珍惜，因为我更深刻地意识到，人和人之间的缘分太脆弱和珍贵，如非必要，就尽量温柔以待，这世上买不到的就是后悔药。

一个并不熟悉的普通朋友，因为一些矛盾在背后痛骂我，而在我深陷诘难的时候，第一个为我挺身而出的也是她。人和人之间说得清吗？根本说不清楚，恩亦是，怨亦是。

君子之交淡如水，小人之交甘若醴。不抱有过度的期待和依赖，不眼巴巴地予取予求，自然就不容易介怀一些小的事情。**有需要就互相交流和帮持，礼貌地回应，合理地利益交换，是友谊可持续发展的不二法门。**

我很少会去嘘寒问暖地唠嗑和关心谁，常常被人认为是冷漠。我内心一直暗暗地想，当我站稳了脚跟，才能在他们需要我的时候，给他们一个更有力的帮助，而不是只能抱着拍拍肩。知道我这想法的闺密开玩笑说："我可不指望你苟富贵勿相忘，我只希望你有空来看看你干儿子。"

有次和一个朋友因为误会冷战，过了一段时间，我觍着脸给她发了好长一段私信，打开天窗说亮话，絮絮叨叨地说了我的看法和不满。她有些激动地回复我说："Lydia，我没有想到我们的友情值得你亲自挽回，我一直以为我对你可有可无。你好勇敢，而我就只会逃避。"

那一天，我们的心情都如绽放的烟花般，如释重负。没有什么比和好如初更让人雀跃开心的了，而傲娇的自尊，在千斤重的友情面前，又是那么微不足道。**刘墉老师曾写过：在两个人都有错的时候，先伸出手的那个人，一定会得到更有力的回握，这力量里，涌动着的是感激。**

在影院看《煎饼侠》，好好的一个喜剧，却看得我泪流满面。有一群陪你坚持梦想的朋友，是多么宝贵的财富。我刚换工作没多久，要组织一场送电影票的观影活动。北京的东南西北还分不清楚的我，像没头苍蝇一样跌跌撞撞。公司是 996 工作制，而我的活动是周日，我实在不好意思打扰同事，就自己硬咬着牙扛了下来。送了几张电影票给朋友，心想着算是给他们点福利嘛。结果观影当天，送易拉宝的师傅堵车过不来，我只能抓着 JT 和 yasuo（两个当事人）狂奔过去，徒手把易拉宝扛到商场六楼。当时联系不上电影院的对接人，我们就满楼找桌子椅子，好不容易去废旧的仓库搬来了。在开场十几分钟前才气喘吁吁地发放票券，来的人稀稀拉拉，一直到电影放完一大半，才坐满。我看看这帮来给我当了半天苦力的朋友，眼泪直打转，他们摆摆手说："谁真冲着电影来呀？走，咱们吃火锅去！"

后来我准备打包离开北京逃往上海的时候，刚出差回来的花卷大半夜要跑来陪我吃最后一顿饭。我责怪他，又不顺路，时间又赶，就别来了。他淡淡地说了一句，再最后送你回家一次咯。我眼前瞬间浮现起当时做活动，服务员把桁架卖给了收废品的，桁架实际要几千块，我们只是租赁，用完要还给供应商，没用的我只会哭，而花卷找人问到了废品收购站，愣是赎回了我的桁架。那一刻我终于知道了什么叫换帖之交。我曾经急功近利，把所有的时间都放在工作上，多回个拜节短信都不耐烦。如今我只要有时间，就在家里做饭招待三两好友，请大家尝尝我的手艺（尽管他们对我不放心，常常自带熟食）。**友情和爱情、亲情一样，浇灌得多了，才能开花结果。人生得三两知己，会心安胆壮。**

有些失去联络的小学同学，静静躺在微信里，我们都不好意思互相打扰。直到有天被我妈催问的时候，硬着头皮问了点近况。不料对方惊喜万分地说，哎呀，你还记得我呀，我可是你的粉丝呢。太多时候，我们远远地关心着彼此，差的就是一个人主动地迈一步。

大学时，我跑出去穷游，做沙发客背包党。想想那时候胆子也真是大，就这么跟俩腾讯的程序员回了家。我准备下厨给他们做晚饭，他们不好意思地摆摆手说："哎呀，家里调料都不全，我们两个男人平时都不开火的。"他们带着我出去吃了一顿记忆中最美味的重庆火锅。第二天他们扛着相机，带我去逛大梅沙小梅沙，吃肠粉喝椰汁，给我讲腾讯里的种种故事。

说起来，这好像是我认识的最早的互联网人。深圳的年轻和机遇，腾讯的鸡血和励志，给我留下了非常震撼的印象。万万没有想到，四五年后我居然也冲破重重阻碍，进入互联网行业，其中一个男生去了UC（优视科技），我去了阿里，说起来我们还成为同事了。想起这些，我找到他的微信，发了个红包，写了长长的一段文字，他看到也很感动，对我说："有空你再来珠三角，我们还请你吃饭。"

多么难得的缘分，多么珍贵的情谊，如果一个人一生中都没有这样一段难能可贵的记忆，该多么平淡而苍白啊！

当然，话是这么说，将来我女儿要是想出去做沙发客，我还是会极力阻止的，运气像我这么好的并不多。即使是在青年旅社的客厅，一样可以结交形形色色的有趣少年。

扯远了，现在快要奔三，我改掉的最大的毛病就是扭捏和矫情，尤其是感激和善意，都要浮夸地、热情洋溢地表达出来，不再吝啬对朋友的赞美和鼓励，不掩饰自己的思念和牵挂。我们后半生会越来越忙，对话的机会越来越少，再不说出口就晚了。给朋友带来快乐的事情，多多益善。

求同存异，就事论事，时刻换位思考，大方付出，充分信任，是我们最先需要做到的相处规则。 除此以外，坦诚沟通是我觉得最重要最重要的事情了。以前我听到对方说了一些令我不舒服的话，我只会默默地疏远，现在我更多地会去选择直白地告诉对方，你这么说我不开心，如果有意见我们可以吵一架，达成一致之后就翻篇了，这总好过耿耿于怀后心照不宣地渐行渐远。

以前我也不善于交朋友，现在发现好像容易多了，只要你开口都是："喂！快出来，我请你吃饭。不用洗头。"

和过去的自己和解

每次我表达童年不受关爱的辛酸时，我妈总是愤愤不平地说:"难道你是喝西北风长大的吗？要不是我们这样锻炼你，你能有今天吗？"她毫无察觉，其实我在撒娇和乞求被温柔相待。

如果不以指责和批评开场，可能他们都不知道该如何和我说话。这样的环境下，从小没受过鼓励和认可的我，极度缺爱。这么表达不够精确，他们不是不爱，应该说是不会用正能量的方式表达爱。

成年后我在爱情上栽过许多跟头，伤害过人，也被人伤害。无非就是一个"作"字，黑历史就不再赘述，当红的狗血热帖里的主人公没几个是我的对手。

那时候看了很多心理学的书籍，我自己也是学师范的，用和小孩子们对话的方式去和童年的自己对话，企图达成和解和宽慰，逐渐开始有了起色。也开始奶声奶气地哄小朋友，和男朋友。想来真是窝囊啊，那时候我不停地问我的男朋友："你前女友是怎么撒娇的，学给我看嘛。"

由于我过度黏人和企图掌控他人生的控制欲，最终他落荒而逃。好不容易获得的甜蜜又稍纵即逝，我花了好几年才走出来。我意识到自己的问题，会坦诚地告诉与我接触的每一个人，企图获得他们的谅解和赦免，而这却成为他们和我吵架时讥讽我的把柄和软肋。

感谢互联网，它让我的声音逐渐被接纳和扩散，获得了那梦寐以求的认可和鼓励。获得了正反馈的我，大受启发，开始不知疲倦地研究、阅读、书写、分发。通过和形形色色的人对话，通过反馈，不断调整自己的三观和言行，随着人格的塑造逐渐稳定，我和家里人的差异越来越泾渭分明，我开始挣脱出来，在更大的世界里寻求阳光和雨露。

在这里遇到了我老公，他是一个非常非常正能量的人，原生家庭也非常温馨和睦，他在夸奖和爱中长大，面对我也用着同样的方式。双方父母会见，那天在路上走的时候，我穿着高跟鞋又非常紧张，踩着坑摔了个非常夸张的狗吃屎。此时一个健步冲上来扶我的是我老公,然后是他爸妈紧张地跟上来检查看我有没有摔伤,而我爸妈面对这种突如其来的状况,自始至终都没事儿人似的袖手旁观,仿佛一阵风吹过一样自然。

所有的掩饰都前功尽弃。我婆婆从此开始隔三岔五给我寄各种高档的生活用品,让我把旧的丢了,教我一个女孩子应该怎么保养自己,给我办全国连锁的美容卡,远程诊断我身上的小毛病给我开药,挽着我的胳膊带我去逛街……这类我缺失了二十多年、在其他和睦的家庭里稀松平常的事情,一件一件地补了回来。

如果说要总结些方法论,那么无非是:

1. 面对,承认,并接纳自己。无限的自卑和掩饰就是场灾难。所有你害怕和难以启齿的困扰,会因为你的勇敢而变得云淡风轻。

2. 遇到一个好人。只有爱能抚平爱所带来的伤害。

3. 拥有赖以生存的精神食粮和物质基础。

缺爱没什么大不了的,这年头,谁没有点心理疾病,大家都一样。

也许有的人会觉得我只是单纯的运气好,但他们不知道我是怎么一步步努力调整和思考并且付出实际行动的。

我曾经做过非常幼稚的事情。比如回宿舍的时候重重地摔门来表示我今天心情很不好；吃饭的时候拌两句嘴就站起来夺门而出。当发现所有人渐渐疏远我的时候，终于开始感到惶恐和不安。于是我去操场的煤渣跑道一圈圈地奔跑，将自己多余的负能量在运动中释放干净。运动加音乐，是一件非常洗涤灵魂的事情，它会帮助我们在那半小时到一小时之间沉浸在一个独立的环境中思考和冥想，整理自己的情绪和思路，负能量自己就消化掉了大半。如果不爱剧烈的运动，瑜伽、汗蒸、泡澡、按摩、看美剧、看书、画画、写作、背单词，任何一件会让你全身心投入的爱好都可以。相比较而言，运动会加速新陈代谢，效果会更显著些。

阅读一切关于社交礼仪和中国儒道的基本书，《菜根谭》、卡耐基和刘墉的相关书籍做补充。先通过模仿实例强行改变自己的言谈举止来具备基本的社交礼仪，会开始收获到善意和正反馈，从而有和别人正常交往的基础。接着就是要努力去和那些人缘好、口碑好的人做朋友，深交泛交都可以，近距离观察即可。然后把他们的实践和书里的理论联系起来，想明白背后的原因，并且了解他们是如何不那么生硬地表现出来的，这是从小缺爱缺家庭教育的人需要逾越的最大难关。短则三个月，长则三年，一定会小有成效。

只有先成为一个有礼貌、有分寸的人，才有可能遇到好的人。也许一开始那不是你的本心，就像幼儿园的小男生用欺负女生的举止来表达喜欢和获取关注，但是当你习惯文明人的举止后，你才能正确地表达同样的本心，也才能使得你的社会交往是有效的。

这个阶段里你会经历一段自我矛盾的时期，你会觉得白天自己戴着面具出去很累很虚伪，每到夜晚你会开始多愁善感起来。我们的古人就告诉过我们，人生必定会经历三个阶段：看山是山，看水是水；看山不是山，看水不是水；看山还是山，看水还是水。同样的，当你将这种条件反射内化成自己的行为习惯后，你就可以随心所欲地针对你感兴趣的对象释放善意好感了。这时候神奇的事情发生了，你仿佛接受到了爱，也学会了爱人。

这时候你可以开始和正能量家庭出身的人做进一步的深交了，看看他们家庭的相处模式是什么，交往语气是怎样的，消费观念、价值观、世界观是怎样的，如果自己争气些，可以认几个干爹干妈，健康的那种，逢年过节去送送礼收收红包，有来有往，处理好关系。这会极大地帮助你去除原生家庭给你带来的阴影和自卑感，这非常重要。如果你始终潜意识里觉得自己不配得到爱和认可，那么就会在两性关系中永远陷于患得患失的状态，也不够从容和优雅，大量的思想斗争会发生在一些鸡毛蒜皮的琐事上，就像第一次去高档的旋转餐厅一般浑身不自在，根本无法细细体味和享受。

由于一直没有得到过正向赞美和鼓励，我会在别人夸奖我时浑身不自在，羞愧得恨不得钻到地缝里，这也不比狂妄自大好到哪里。因为夸赞的人可能只是社交礼仪或者表达善意，你过于排斥和拒绝的态度会让对方不知所措。产生这一反应的根源是觉得"我不配"，要想克服它，你可以试试用外语口语来表达自己乐于赞美以及自然接受赞美，等你稍微熟悉点正向态度之后再试试用中文回应，甚至可用方言戏谑式的回应，营造一种让你和对方都很受用的幽默气氛。比如有姑娘夸奖我穿搭很洋气的话，我会贱贱地一笑："毕竟阿拉桑海宁。"（大家都知道我不是，哈哈）。

至于和父母的相处，我建议在自己没有完全摆脱困扰之前不要尝试解决，我试过很多次，但是因为自身心理还不够健康和强大，很容易在尝试沟通的过程中再一次被父母影响，得到非常负面糟糕的结果。隔离开来，冷却一段时间，会比较好。我离开了他们，他们突然间仿佛长大了、懂事了，开始有了自己的生活，开始过得有滋有味了起来。

是的，父母有时候也和孩子一样，需要引导，需要调教，需要放手。他们那一代人，经历过动荡，错过了教育，失去过梦想，他们的阅历和思想高度，在很多方面，真的不如年轻人。他们养儿防老，他们攀比虚荣，他们等着坐享天伦之乐、子女承欢膝下，还个个飞黄腾达。他们想要的太多，你不可能一一满足。孝顺是孝而不顺。当你离开，他们会失落，会绝望，会痛哭，会纠缠，会威逼利诱，就像不愿意去上幼儿园的小朋友，你要哄一哄，然后大胆地放手。人的恐惧来源于未知，他们不知道你离开家乡会是什么样，你活给他们看，他们自然就踏实了。

我们个体也能在更纯粹的环境里彻底地自我净化，向更好的自己进发。等到你足够强大之后，再回头去面对父母的唠叨和指责的时候，就能坦然地说："好好好，都依你。"

衣锦还乡的你，请对父老乡亲多点涵养

每年春节将至，网络上各式吐槽七大姑八大姨的段子就开始涌现。一场场揶揄嘲讽的狂欢，充斥着扬扬得意的气息。那些在四线城市里几十年如一日生活着的张大姐、王大妈，大概永远都不会知道狗剩和翠花进了城，成为 Jerry 和 Rebecca 以后就再也瞧不上他们了。互联网时代再发达，两个世界的信息，却在一层层分组屏蔽和五花八门的软件的阻隔中如铜墙铁壁般毫不通畅。

所谓的"熊亲戚""熊孩子"，人群画像大约是自私、没有礼貌、有家族利益纠葛（借钱、养老费用有分歧、小气爱占便宜）、价值观扭曲（与你不一样），还会因为亲密的来往影响你生活。他们的愚昧和顽固令年轻人难以忍受，对粗暴的质问感到受伤，于是他们在网络中抱团取暖，商讨着回击和打脸的路数。

然而，这些得意扬扬的年轻人，又何尝不自私、没有礼貌、

价值观扭曲呢？用横眉冷对的态度伤了亲人的心，让父母感到尴尬和难堪，这就是国际化大都市教会你的吗？

我的老家是在真正的穷山沟里，火车换公共汽车再换摩托车，才能回到那里。稍微长大了点，我跟着他们回去体会一下真正的农村，那里还是水井打水，用的是旱厕。我爸给他们发的红包都是每人一两百，而他们给我的，居然是十块、二十块。我第一次拿到这么小的红包，觉得这些人小气又爱占便宜，非常不开心。在我的概念里，这"不公平"。我气鼓鼓地嘀咕，爸爸狠狠拍了我一巴掌，气得浑身有点发抖："你爸上学的时候交不出学费，这些叔叔伯伯就掏点皱巴巴的五块钱给我去交学费，那时候一个人的月收入是三十块，相当于六分之一的月收入。如果你要讲公平，礼尚往来，那我们现在是不是该给人家我们六分之一的月收入呢？一个人如果忘恩，有天大的出息也没人瞧得起你。"

这句话深深地烙印在我心里，天大的摩擦也比不上在艰苦时期人家拉你一把的恩情。我们在幸福安康的环境中长大，不能理解父母对老家人的感恩和挂念，那至少也轮不到我们去怨恨和指指点点。父母的钱，他们有权利自己处置，借钱不还也好,索取无度也罢,父母自然会去权衡和定夺。上一代人的恩怨,应该交由他们自己去消化。我们自己谈恋爱交死党的时候,难道没一掷千金义薄云天过吗?在感情面前,这点钱又算什么?

老一辈有老一辈的价值观,我们需要理解和包容,正如我们希望他们理解和包容我们一样,我们被更文明的社会价值熏陶,难道不该主动一点帮助他们改变吗?我们要指望这些生活在三四线城市的人拥有超一流的前卫意识吗?念书的时候我也非常痛恨我妈偷看我写的小说和情书,剥夺我追星的权利,于是我用左手写字,伪造了一封信,信封上还画上了小爱心,放在抽屉里,打开信自然就是我的挖苦和咒骂,愤怒地指责偷看这封信的人。结果那天这封信不小心被我爸翻到了,他给我整整上了三个小时的思想政治课,最令我刻骨铭心的话是:

你以为左手写,我们就不认识你的笔迹了吗?我还以为你给自己写什么忏悔信呢,心想这丫头终于长大了……

我,目瞪口呆,无言以对。

回头想想,真是幼稚。如果真是什么见不得人的小秘密,就自己随身携带着,或者省下早饭钱买个密码箱,这种行为就是赤裸裸的欺骗行为,更别说本来偷看的人侵犯了隐私权,你这封骂人信一写,也变成半斤八两的小人了。同样的道理,家里来客人，贵重物品就收好，实在不行就把卧室的门锁上，解释说里面太乱了不好意思见人，谁也不会强行入内。我们有一万种办法可以委婉而巧妙地划清界限，保持安全距离，却把希望寄托于对方自觉地明白你的心思，这不是自欺欺人吗？

正如绿皮车厢里脏乱差、闹哄哄，但你可以选择乘坐飞机或者高铁，自己携带降噪耳机和耳塞。有明确扰乱公共秩序的行为，你可以要求乘务人员帮你处理或者大声制止，酸酸地发条微博谩骂，什么也解决不了。世界上任意两个人，都有生活习惯和行为规范不同的地方，在对待亲戚的时候不妨坦荡点，不论对方说什么做什么，一旦触犯到你的红线，语气温和、态度坚决地拒绝就可以了。

对于烦不胜烦的春节三问——你为什么不结婚？做什么工作？一个月多少钱？其实真没有大家想象的那么不礼貌。除了这些，他们能问你什么呢？声乐分几种唱法？工作、婚姻、薪水是衡量大多数人社会属性的基本因素，如果想回答就老老实实回答，不想回答就撒个谎，打个马虎眼，反正他们也听不懂，就算被冷嘲热讽几句，也不值得你来纠正，他们的观念不但过时，而且根深蒂固难以改变。**愤怒，还是因为你不够强大。**

你只需要一笑了之，就足够应对百分之八十的亲戚了。

我离开南京的那年，亲戚们在背后评头论足指指点点说什么的都有，通过我妈这个传声筒，一句句传到我耳朵里。两年后的春节，我给他们每人送了我出的第一本书，他们的话锋一变开始啧啧称赞，那一刻我并没有觉得暗爽和解气，只觉得我爸妈的舆论压力警报解除了，山河形势一片大好。

夏虫不可语冰，燕雀安知鸿鹄之志，既然如此，你又何必对他们横眉冷对、阴阳怪气？一个大家族有着千丝万缕的利益纠葛，在资源匮乏的年代，一个拉一个，才能保证大家族里不至于有非常短腿的，跟不上时代的进步。在农村，人丁兴旺的家族、身强力壮的亲戚是非常强有力的支撑。老一辈固有的观念中，甚至奶奶会要求发达的哥哥无条件地补贴没有工作的弟弟，也都是情有可原的，长兄如父，五千年来我们的文化里就是这么书写的。数典忘祖的人，也走不了太远。我们要摒弃的是糟粕文化，避免愚忠愚孝，对人品恶劣、偷鸡摸狗的人敬而远之，除此以外，仅仅是生活习惯和方式上的分歧，真不至于我们仇恨到全网讨伐的地步。难道你小时候就没弄坏过亲戚家的东西，偷吃过表姐的进口巧克力吗？

我出生的时候，我爸写信寄回老家，整整两个月没有收到回信，因为我是个女娃娃。我该记恨，和他们老死不相往来吗？可是在我高考完去老家过暑假的时候，他们每一家都待我不薄，给我买衣服，临行前装了两大袋子行李。也许他们早就在慢慢改变，又或许是我争气，让他们的看法改变了，无论如何，他们依然是不需要先和我相处，因为喜欢我欣赏我才会去接纳我的亲人。即使有些人是第一次相见，也会因为血缘自然地亲近。他们老了，落后于这个时代了，权利捧在我们手上，怎么让他们学会以你舒服的方式来相处，考验的就是你的能力了。

弱者怪罪于命运，强者改变命运。每一寸土地，都是拼杀出来的。顺境里父慈子孝是幸运，不是本事，逆境里扭转乾坤才是人间龙凤。不是吗？

整个春节我哪儿也没去，稿子也没写，就在缠着亲戚们给我讲故事。太阳底下无新事，我从他们大半辈子的人生阅历里，看到了太多身边人的影子。他们的恩恩怨怨、家族故事、成长经历，都让我更理解如今他们的一言一行。凡事皆有因，不是每个奇葩的亲戚都生来如此。如果看得到好的方面，将那些抓住政策红利期的人如何稳中求进，一步步积累出如今的雄厚家产的事例类比到我们迷茫的今天，道路仿佛又清晰了几分。以人为镜，可以知得失。

如果我们都能够温柔一些、巧妙一些，化解掉很多本不该有的冲突，也许我们会变得更加睿智和儒雅。不妨现在从给父老乡亲们打几个电话开始，接到来自远洋、来自皇城根脚下的侄子或侄女的电话，可值得他们兴奋好多天呢！明年你再回去看他们，一定会觉得他们可爱了很多。

写在最后

签完这本书的出版合同时，我屁颠颠地去和 Jeff 报喜，Jeff 问我什么感受，我仔细想了想，吐出两个字：着急。怎么会着急呢？这不刚签吗？隔着屏幕我双手有点抖，想了想没有再敲下去。

初中的时候所有的零花钱都贡献给了书刊亭里的各色青春疼痛小说和杂志，什么《story-100》《少男少女》之类的。这些杂志底部非常精准地投放着一堆虚假广告，诸如征文比赛、送电脑、派发记者证还有交笔友，唯一的要求就是交稿的时候需要在信封里塞 1 元或者 5 元的纸币。我那时候真是乐此不疲，把上课偷写的小说，厚厚一沓的手稿一次又一次地寄出去，看到地址就寄，换来假得不能再假的记者证，开心得不得了，满脑子都是自己的手稿变成铅字的模样。

感谢那些虚假广告，支撑着我少女时不停创作的小小爱好，他们的套路一般都是回一个录取通知书，告诉你要进决赛啦，再交一次报名费吧，或者是你获奖啦，送你个电脑，交下税吧，99块而已！幸好十三岁的我还没那么富有，不然就这种屡试不爽的招数能把我骗得当裤子。天啊，我是有多想写（赚）书（钱）啊！

后来终于认识到残酷的真相，所幸写字的动力保留了下来。从青春疼痛日记、空间里矫情的无病呻吟开始，到人人网的各种鸡汤宣言，写字是我解压的最好方式。很多人问过我如果有一天财务自由了，会怎样度过余生。我沉吟片刻郑重其事地回答："我想买一座小岛，岛上种满薰衣草，盖一座大房子，买好鸭脖和奶茶，用最好的音响播放喜欢的音乐，然后昏天黑地地读书和写稿。"

这一天终于到来了，北京的太阳还是那么辣，我坐在3W咖啡那个总理来访时坐过的座位上，一笔一画写下自己的笔名Lydia，一切在不经意间如此不着痕迹。签完合同走出门，沿着这条街向前五十米的鼎好电子城对面的那幢写字楼，就是我两年前第一次来北京面试的地方。当时的我觉得整个中关村的大楼都好气派，金碧辉煌，微软、优酷还有新浪的大招牌明晃晃地亮瞎了我的双眼。当时面试的是一个英语培训机构，底薪三千，没有双休，然而最后也没有要我。此刻的我再一次抬起头望着它，那一幕一晃而过，我矫情地回想了两年来的种种，太阳很大，刺疼了双眼。

　　北京是一个充满奇迹和机遇的城市，每个人都活得别具一格。你可以选择泡在"798"做一个兜售画作的艺术家；你也可以在后海的酒吧街做驻唱歌手；你可以不用着急恋爱、结婚、嫁人，四十岁了依然和各种小帅哥眉来眼去；你也可以在某个阳光灿烂的午后，突然就递交辞呈出去浪迹天涯。出身和未来在这里并不那么重要，大家都习惯了日新月异的变化，只在乎你有趣的当下。感谢北京，只有这里才会包容到那样一个弱小的我慢慢成长为今天的模样。

　　这本书献给我的婚礼娘家军团：yasuo、乌呜呜、王土豆、老姐夫、滥芋、Sai.L 刘鹏程、王月明、李 pp、唐、Maggie 黄、firefix、二宝哥哥、天弢、Oldjefffff。还有遗憾未能到场的我心爱的橙子、大萌子、更夜、老张、姜姜和小太阳。谢谢你们，从网友到亲人，我们通过知乎，走在了一起。

　　感谢这本书里的每一个人，你们参与过我的青春。